僕が家庭科教師になったわけ

つまるところの「生きる力」

小平陽一

太郎次郎社エディタス

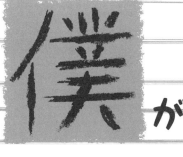

はじめに

家庭科は女の教科だと思ってはいませんか？　違います。当たりまえですね。小学校では戦後ずっと共学だったし、中学・高校では家庭科を男女ともに学ぶようになって、もう二十年以上が経っていますから。

家庭科は「料理・裁縫」だと思ってはいませんか？　これも違うと、僕はこの本を通じて言いたいと思います。そこで、「料理・裁縫」はほんの一部で、その陰にかくれた、たくさんの宝石を掘り起こそうとたくらんでいます。

もうひとつ、家庭科を教えるのは女の先生、と思ってはいませんか？　これも違います。僕のような男の家庭科の先生も、ホントに少数ですがいます。そこには、これまでの社会の男女のあり方の歴史と、現在の男女共同参画社会のまだ途上にあるさまがあらわれています。男の家庭科教師がもっと増えて、それが当たりまえの社会になってほしいと願っています。

ダメ押しにもうひとつ。家庭科は昔卒業した、あるいは、習ったこともないし、もう関係ないねーと思っている方、いませんか？　そんなことありません。家庭科はこれからどう生きてゆくかを考える内容がてんこもり、男でも女でも、何歳になっても、きっと役に立つと思います。それを本書で伝えられたらいいなと思います。

僕は化学から家庭科の教師になりました。科学から生活科学へと関心が移っていくなかで、家庭科の存在に気づきました。そして、この教科に魅力と可能性を見たのです。しかし、家庭科の世界には古い価値観と新しい価値観が混在していました。それは、女子教育と料理・裁縫という伝統を受け継いでいること、それに対して性別役割分業の解きほぐしと男女共同参画社会の推進という時代の旗手の役割を担っているところです。僕は、後者に魅力を感じています。

僕が家庭科の教師になるまでには、紆余曲折がありました。だれもがそうであるように、自分が生きた時代の風を受け、自分の人生に影響を与える人びととの出会いがあり、そしていくつかの岐路に立ち、意を定めて未知の世界へ一歩踏みだしていったら、いつのまにか家庭科の世界にたどり着いていました。それは、僕にとっては自然ななりゆきであったように思います。

本書は、そのストーリーを社会背景とともに綴ったものです。家庭科を語りながら、この社会のあり方や何を大切にすべきかを、自分なりに考えたことをまとめたものです。

もくじ

第3章 家庭科の教師になる 人と衣と食と世界

第4章 フェンスを越えて　生きるための家庭科

プロローグ 科学の世界にあこがれて

スプートニク・ショック

小学二年の秋の夕暮れでした。僕は友だちと二人で日の落ちかけた空に顔をむけ、ある方角に目を凝らしつづけていました。思いが通じたのか、瞬間、キラッ！と流れ星みたいなひと筋の光を見つけた……ような気がしました。

その前日、「世界初の人工衛星スプートニクの打ち上げにソ連が成功！」というニュースが世界を駆けめぐりました。ラジオのニュース解説で、夕方のある時間・ある方角の空に人工衛星を見ることができると聞いて、探しにきたのです。

世にいう「スプートニク・ショック」を巻きおこした世界初の打ち上げでした。この四年後の一九六一年には、ソ連の宇宙飛行士ガガーリンが乗った有人の人工衛星の打ち上げが成功します。彼は人類初の宇宙飛行を経験し、宇宙から地球をながめて「地球は青かった」という有名な言葉を残しました。宇宙から送られてきた「青い地球」の実像に、僕たちはかけがえのない、生命《いのち》あふれる地球のイメージを重ねあわせていました。

これをきっかけに、当時、二大大国といわれていた旧ソ連とアメリカは、たがいに熾烈《しれつ》な宇宙開発競争を展開するようになります。二十世紀における科学技術の時代の幕あけともいえる出来事でした。

影響はすぐに日本にもおよびました。日本の政府もただちに科学技術教育に力を入れはじめます。

——日本は資源の少ない小さな島国だ。だから、海外から原料を輸入し、それを科学技術力で加工し製品化して、輸出をはかる。それにより経済発展をうながし、貿易立国や科学技術立国として日本は繁栄する。それが日本の進む道である。わが国を支えるのは科学技術力なのである——。

そんなことを学校の先生から幾度も聞かされていたように思います。

理科が好き

小学生のころ、僕は「どの教科が一番好き?」と聞かれると、「理科」と答えていたことを覚えています。しかし、本当は「社会科」のほうが好きだったような気がするのです。というのも、あのころ、地図を見たり、世界の国ぐにの名前を覚えたり、地図帳の後ろのほうに出ている、貿易とか生産量とか、人口とか国の大きさとか、河川や湖や山の大きさなんかの統計資料を見るのがとても楽しく、好きだったからです。

じゃあ、なぜ理科と答えたのかというと、それはたぶん、男子だったら理科が得意、そのほうがカッコいい、という思いこみがあったからだと思います。

とはいえ、ある出来事をきっかけに、理科が本当に好きになっていきます。

小学校の高学年のとき、理科の授業でモーター作りをしました。鉄芯にエナメル線を何回も何回もていねいに巻きつけてコイルを作る。それをU字型の永久磁石のあいだに置いて、乾電池から電流を流します。すると、電磁石になったコイルが、永久磁石と同極どうしで反発しあって、クルっと半回転するのです。それで、回転軸にスイッチのような電極を取りつけてやると、回転するたびにSとNの磁極が変わり、つねにコイルと永久磁石が反発しあって連続回転するという原理です。

できた作品を、一人ずつ先生のまえで実演することになりました。僕は苦労してやっとコイルを作り、不細工ではあったけれど自分なりにモーターを組み立てて、先生のまえに立ちました。動くかどうかとても不安で、ドキドキしていました。

コイルのエナメル線の端を乾電池につなぎます。すると、コイルはピクリ、と動きはしたものの、半回転して止まってしまいました。

「どうしたんだ！　あー、やっぱりダメだったかー？」

そう思ってもう一度、コイルの軸を指でつまんで軽く回してやりました。すると今度は、コイルが本当にゆっくり、ゆっくりと、いまにも止まりそうに頼りなげではあったけれど、グルッ、グルッと回転を始めたのです。

「やったー！」

このとき僕は、初めて成功の感動を味わいました。理論が現実になる、自分で作ったものが本に書いてあるとおりに動く。そのことが純粋にうれしかった。それ以来、本当に理科が好きになっていきました。

三種の神器と東京オリンピック

僕が小学生のころは、先の戦争が終わって十数年が過ぎ、社会は落ち着きをとりもどしたけれども、まだまだみんな貧しくて、肩を寄せあい助けあって生活していた時代でした。

そこから日本の経済は活況を帯び、急速に発展しはじめます。これが高度経済成長とよばれる時代だったことをあとから知ることになります。この好景気は、すぐに身近な暮らしに影響をおよぼしました。

だれさんちでテレビを買った、などということがたちまち評判になり、みんなでその家に押しかけてテレビをとりかこみ、プロレス中継などを見せてもらったりしました。よその家の茶の間に近所の人が何人も上がりこむこともめずらしくなく、ちょっとした豊かさや楽しさをみんなで分けあっていたように思います。

やがて僕の家にもテレビが置かれ、冷蔵庫や洗濯機などの家電製品がつぎつぎと入ってきました。白黒テレビ・冷蔵庫・洗濯機は「三種の神器」といわれ、豊かさの指標であるかのように、多くの家庭が競って購入しました。さらには電話が付き、お風呂が設けられ、自家用車を求め……と、みんなが豊かさに向かってまっしぐらに突き進んでいた。モノの豊かさが幸せの証であることを、だれもが疑わない時代でした。

これからは確実にいい時代が来る、みんなが豊かになってゆく、そんなふうに将来に夢や希望をいだいていた時代の空気を、僕は子どもなりに肌身で感じていました。

しかし一方で、近所の人と連れだって銭湯に行ったり、テレビを見せてもらうとか、電話を借りるとかといった隣近所の交流は、だんだん少なくなっていきました。それまで開放的だったそれぞれの家庭が、少しずつ内向きに閉じられていったような気がします。

銭湯帰りに空を見上げて、月の満ち欠けやその表情に関心を払うことも、星と星とをつなげて夜空に空想劇を描くことも、星の配置に季節の移ろいを知ることも少なくなりました。日ごとに増していく周囲の明るさに負けて、やがて星たちは姿を消していきました。

僕が中学三年生のとき（一九六四年）、東京オリンピックが開催されます。初のオリンピック開催に、日本中がお祭り騒ぎのような盛りあがりを見せていました。開催にむけて首都高速道路が造られ、東海道新幹線が開通し、白黒テレビはカラーテレビに買いかえられました。高度経済成長の絶頂期でもあり、オリンピックは日本の戦後の経済復興と科学技術力を世界にアピールした、象徴的なイベントとなりました。

その変化のようすは、『鉄腕アトム』の世界がつぎつぎ現実のものとなっていくかのように、僕の目には映りました。アトムに描かれた近未来社会は、高層ビルのあいだをぬって車が空中を自由に飛びまわり、透明チューブのなかをカプセル型の乗物が走っていました。子どもの僕はそれを見ながら、やがてきっとこんな社会が来る、これからは「科学の時代」だと、疑いなく信じていたのです。そして、企業の研究所の科学技術者になることを夢見ていました。

理工系の学部へ

一九六九年一月、大学受験を目前にひかえていた僕の目は、テレビ画面にくぎ付けになっていました。そこには、さながら映画のワンシーンのような激しい市街戦がくり広げられていたのです。警察の機動隊と大学校舎を占拠する学生が激しく衝突しているようすが映しだされていました。東大の安田講堂事件という、国中の注目を集めた大学紛争の事件でした。

この時期、ベトナム戦争への反対運動があり、七〇年安保闘争があり、市民運動や学生運動が全国に広がって、いたるところ騒然としていました。日本の女性解放運動（ウーマン・リブ）もこの運動のなかで生まれたといわれています。それらは、戦後日本の高度経済成長のひずみが、少しずつ社会にあらわれてきたことと無関係ではなかったと思います。公害、開発と自然破壊、大量生産と大量廃棄、食品添加物、農薬のことなども社会問題になりはじめていました。

この年、僕は大学の理工系の学部に入学しました。そこにも学園紛争の波が押し寄せ、そのなかで学生たちは「なんのために学ぶのか？」「この社会の矛盾に無関心でいいのか？」「公害の問題をどう考えるのか？」などを問うていました。社会の問題や政治のことを自分は何も考えずに大学に来たんだなと、恥じたものでした。水俣病の問題を知ったのもこのときです。

僕の大学の三年間は学園紛争の連続でした。しかし、最終学年が間近になると、学生たちは就職を意識しはじめます。学園紛争も下火に向かい、『「いちご白書」をもう一度』の歌詞ではないけれど、男子学生たちはそれまでの長髪を切り、ジーパンをスーツに着替え、大企業への就職活動に走りだしました。その変わり身の早さに、僕はただただ目を見張るばかりでした。

僕は、級友たちへの信頼が揺らぎ、方向性を見失い、傷心に打ちひしがれていました。そこで卒業研究は、学内に残るのを避けて、学外の研究施設（外研）でおこなうことを選びました。

文系大学の付属の化学研究所という不思議なとりあわせの施設に、物理化学系の著書のあるT先生の名を見つけました。専門はコロイド化学です。コロイド化学は生活に密着した科学領域で、応用範囲が広く、これから実用化学としての重要性が増していく分野だと思い、卒業研究のために門をたたくことにしました。

僕はこの研究所で「液晶」の研究に取り組みました。まだ、液晶という言葉が一般にはなじみのないころでした。僕はここで、大学生活のなかで初めて勉強らしい勉強を経験します。それまでとはまるで違う静かな環境のなかで、時の止まったようなこの研究所で、実験と研究に没頭しました。傷ついた心もいつのまにか癒されていった一年となりました。

就職はしたけれど

大学を卒業した僕は、技術・研究職として化学製造会社に就職しました。毎朝、最寄りの駅に降り立つと、スモッグでどんよりと曇った空が目に飛びこんできます。近くのコンビナートから出る排煙によるものでした。

会社での仕事はそこそこ順調で、工場で働くおじさんや食堂のおばさんたちともなかよくなりました。しかし、世の中の矛盾や会社勤めに疑問も感じはじめます。工場でもっとも危険度が高くて健康に害がありそうな仕事は、取引先の工場を定年になったあとに嘱託で配属されてきたおじさんたちが担っていました。いまでいうところの非正規の派遣社員です。給料は安く、弱いところに危険がいくのです。そしてそのことは、働いている人たちも十分に承知しているのです。

さらにこの年、一九七三年の十月、第一次石油ショックが起こります。戦後の日本経済はそれまで、生産量、輸出額、国内消費量、国家予算、車の販売量、家電製品の普及率、給料などのいずれもが年々増えていく〝右肩上がり〟。その成長を下支えしていたのが、中東からくる安い石油でした。戦後日本のエネルギー政策は石炭から石油へと転換が進み、エネルギー自給率はどんどん下降線をたどって、石油に依存するようになっていました。そこへ突然、原油価格が高騰し、輸入に制限がかかるようになったのです。原因は第四次中東戦争でした。

何台ものタクシーが、ガソリンスタンドの周りに長い列をつくりました。なにを血迷ったのか、人びとはスーパーに殺到し、石油関連製品でもあるトイレットペーパーや洗剤などを大量に買い占めました。売り場には長蛇の列ができ、混乱し、商品の取りあいで争いが起こっていました。不安からひき起こされる一種のパニック現象です。その光景は、僕には何かが狂っているとしか思えませんでした。

翌年、日本経済は戦後はじめてのマイナス成長を記録します。同時に、前年からの列島改造ブームにより地価が高騰し、急速なインフレが起こっていました。便乗値上げが起こり、「狂乱物価」とよばれました。

こうした経験から、政府は全国に石油備蓄施設を建設し、その一方で、エネルギー政策を石油から原子力へと転換していきます。高度成長の時代は終わりを告げ、低成長へと方向転換が始まりました。一方で、公害の問題や環境問題が深刻さを増していました。

僕は、社会が大きく変化してゆく予兆のようなものを感じていました。そして、自分自身、何もできずにじっとしていることに、あせりに似た気持ちが湧いてきました。僕は、もう一度きちんと勉強がしたくなりました。学生時代は学園紛争の連続で、ろくに勉強してなかったという悔いが残っていたからです。

そんなとき、タイミングよく研究所のT先生から声がかかったのです。

「研究所の助手の席が空いたので、きみ、来ないか?」と。

渡りに船でした。自分の迷いを吹っきるように転職を決めました。

僕は一年ぶりで研究所にもどりました。給料は低くなりましたが、かわりに自分の裁量で仕事や生活を組み立てられる自由が手に入りました。実験や研究を泊まりこみでやったり、朝は少しゆっくり出て、遅めに帰る生活になりました。

だれに管理されることもないかわりに、自分がしっかりしていないと易きに流れてしまう怖さもある環境です。自由のなかの厳しさと、やりたいことが好きなだけできることの充実を感じていました。

結婚、そして高校教師に

研究所に勤めはじめて半年ほどが過ぎたころ、大学の一年後輩と結婚しました。彼女は神奈川の横浜にある私立高校の化学の教師に採用され、僕は東京都内の研究所勤めです。ずいぶんと離れている二人の勤務地の中間あたりに1DKのアパートを借りて、新生活が始まりました。新しい家財道具を買うこともなく、それぞれの生活用具を持ちよって、学生のアパート暮らしの延長のような共同生活でした。それでも学生時代に比べれば、風呂・トイレ付きですから、ずいぶんと出世したような気分でした。こんなことが喜びに感じられたのですから、若い時分のほどほどの貧乏は悪くないなと思います。ニューファミリーという言葉が流行りだしていたころでした。

それまでの生活と変わったことといえば、帰りを待つ人がいて、夕食が用意される暮らしが始まったことです。それを当たりまえと思い、仕事にも集中できて、なんの不思議も感じていませんでした。妻が仕事を定時で終わらせ、いち早く家に帰って夕食の支度をすることの大変さには、まったく気づいていませんでした。だれに言われたわけでもなく、周りの多くの人がそうだったように、性別役割分業の意識が身にしみついていたのです。それは妻も同じことでした。

一年後に子どもが生まれました。同時に、子をもつ一家の長としての責任を重く感じるようになりました。もう、自分たち夫婦だけの生活を考えればいい、というわけにはいかなくなったことを自覚したのです。

長女が生まれたとき、妻は常勤のフルタイム、このころはまだ育児休業制度はありません。

そのために、子どもをどこかに預ける必要がありました。僕たちの親はともに遠方に暮らし、子育て支援を親に期待することもできません。なにごとも二人で解決していかなければなりませんでした。当時、ゼロ歳児は保育園でもなかなか預かってもらえず、とりあえず、大学の後輩にベビーシッターを頼んで急場をしのぎました。

そんな生活に追われているうちに、研究所での助手生活も二年になろうとしていました。大学の卒業研究とあわせて三年間、T先生との共同研究を続けてきました。でも、このまま先の見えない助手の生活でいいのだろうか?……と考えはじめたのです。

これからは子育てがあるし、いつまでも妻を働かせておくわけにもいかない。自分が一家の大黒柱となって、妻子を養わなければならない。男が外で稼いで、妻は主婦として家事と子育てに専念するのが当たりまえだと思っていたのです。

それで、妻子を養える安定した職業につく決心をしました。T先生の背中を見ながら三年間を過ごしたことで、「先生という職業もいいかな」と思いはじめていました。理科の教員免許は大学でとっていました。

教員採用試験をへて、僕は埼玉県の公立高等学校に採用が決まりました。化学の教師です。ここから、僕の教師人生がスタートするのです。

第1章

走る、走る、新人教師

化学教師の時代

1 新任教師の一年目

一枚うわてな生徒たち

僕は公立高校の化学の教師として、教壇に立つことになりました。

最初に赴任した学校は、のびのびとした校風をもつ、比較的伝統のある学校でした。古参の先生が多くいる学校に、めずらしい新任教師を得た生徒たちは興味津々、ありがたいことにはじめから親しみをもって、僕を迎え入れてくれたように思えました。

あるとき、二年生数人が化学準備室にやってきました。

「先生、僕たち〝軟式野球愛好会〟をつくろうと思うんだけど、顧問になってくれないかな？」

「えっ、なに、その軟式野球愛好会って？　それに、僕は弓道部の顧問だよ」

新任教師の初年度は、本人の経験や希望にかかわらず、欠員ができた部活動の顧問に充てられてしまいます。そこで、なり手のなかった弓道部の顧問をまかされたのです。弓を持った経験すらなく、生徒を指導するなんてとんでもない話で、弓道場に行っては生徒から手ほどきを受けるような状態でした。それでも、道場に顔をだすと、生徒たちは喜んでくれます。先生がいるというだけで、練習にも励みがでるようなのです。この学校は自主的な気風が受けつがれていて、指導できる顧問がいなくても自分たちで計画を立て、練習し、部活動の運営をします。僕は、ただいるだけ、試合についていくだけの顧問でした。

「二年生が中心なんだけど、いま、好きな者が集まって放課後に練習してるんです。それでとりあえず〝愛好会〟なんだけど、すぐには〝同好会〟ってわけにはいかないんです。この学校も融通がきかなくて、生徒会がちょっと頭が硬くて、まっ、とりあえずこのかたちでやっていって、そのあと生徒会に登録して同好会として認めてもらうんです。それから何年か実績を積めば、部に昇格できるというわけです。そのためには顧問が必要なんですよ。顧問がいないと何も始まらないし、対外試合もできないんです。だから、ね、頼むよ先生ー！」

「僕はね、野球ってね、昔から苦手だったの。軟式と硬式の違いもよくわからないし、ルールもはっきりは知らないの。だから指導もできないしね、ちょっと無理があると思うんだ。それにね、僕のところは小さい子がいるの。早く帰らなきゃ奥さんの機嫌が悪くなるの。それで、いつもいつもキミらにつきあってはいられないんだよ」

「センセー、そんなこと言わないでよー。僕らを助けると思ってさー。先生には絶対に迷惑かけないから。ふだんは僕たちだけで練習するから。先生は来なくていいからさ。ただ、試合のときだけ来てくれればいいから、ね、頼みますよ。硬式野球部のやつらからは白い目で見られているし、頼めるのは先生しかいないんだよー」

「そんなに簡単にはいかないよ。練習中のケガだって心配だし、顧問には責任というものがついてくるからね、名前だけというわけにはいかないんだよ」

　すると、抵抗する僕を尻目に、彼らは部屋の隅に集まり、仲間内でなにやらゴソゴソと密談を始めました。ほどなく代表の一人がやおら僕に近寄ってきて、躊躇《ちゅうちょ》する僕の背中を後ろからドンと押して前につきだすかのように、最後の決めゼリフを吐くのです。

「先生ね、この学校でね、長ーいこと教師をやっていこうと思うんならね、ここで僕たちの言うことをきいておいたほうがいいと思うよ。先生は新任でしょ、言ってみりゃー僕らのほうが先輩なんだ。この学校のことを先生よりもよーく知っているよ。変な先生も危ないヤツもいるし、まあそのへんのところをね、いろいろと教えてあげるからさー。で、とりあえず僕らを味方につけておいたほうがいいと思うよ。これからの授業だってやりやすくなると思うけどなー」

　なんともはや、ふだん老練な先生たちに鍛えられているだけあって、新任の僕を手玉にとることなんぞ、彼らにとっては朝飯前でした。なかば泣き落とし、あるいは脅しともとれる、それにしては妙に親しみあふれる彼らの説得に、最後に僕は「しゃーないなー」と、コクリうなずくことになるのでした。

教師生活の原点

僕はこのあと、二つも三つもの部や同好会の顧問をひきうけるはめになってしまいます。困ったもので、泣き落としには弱いし、断れない性質《たち》なんです。しかし、彼らは約束どおりに、顧問にたいした負担をかけずに自主的に活動をし、ときどきおこなわれる試合には、僕が遅刻するという失態を彼らのほうがカバーしつつ、自分たちでとりしきって課外活動を楽しむのでした。

僕はこの学校で、生徒たちからたくさんのことを教えてもらいました。ここで得られたことが、その後の僕の教師としての歩みの原点となりました。僕は、ここの生徒たちによって鍛えられ、彼らとのつきあいのなかで育っていったような気がします。生徒たちに揉まれながらも、たがいの信頼関係の大切さを知りました。上から威圧的に抑えるのではなく、関係をつくり、学びあい、認めあい、そしてともに成長する楽しさを味わいました。

はじめ僕は、教師はいい授業をやって生徒にわかりやすく教えればそれでいいかと思っていました。ところが、とんでもない。学校運営やクラス経営、部活動や委員会など、さまざまな雑用が降りかかってきます。教師たちは気持ちにゆとりがないまま、雑用に追われながら授業をしているのが実情なのです。

しかし、そこで生徒たちとの交流が生まれ、授業では見られない心の通いあいが生まれます。そんななかで、めったにはないのですが、キラッと何かが輝く瞬間があるのです。生徒と共感したり、体験や感動をともにしたり、気持ちが通じあう至福のときです。このときばかりは教師をやっててよかったなあと思います。教師という職業の特権でもあり、最高の快楽です。

クラス遠足弁当事件

赴任したばかりの四月、僕は二年生のクラスの副担任をまかされました。

担任は、一昨年に大学新卒で教員になった若い男の先生でした。紆余曲折してきた僕より一つ年下になります。うわさによると、この学校では十年ぶりくらいに新卒教員を迎えたといい、独身の彼は女子生徒からたいそうなモテぶりで、いい思いをしていたようです。彼は、昨年からの持ち上がりで今年は二年生の担任となり、張りきっていました。この学校ではめずらしい、僕との若若コンビ。生徒たちはそれを喜んでくれているふうでした。

学期はじめの最初の学校行事は、ゴールデンウィークのころの遠足です。新しいクラス、新しい環境での緊張の糸がすこーしほぐれてきたころ、気分転換と親睦をはかり、クラスごとに遠足が企画されます。

このクラスでは、お弁当を持って、湖のある近くの県立公園に行くことに決まりました。美しい新緑が期待されるところです。担任の彼は、自信たっぷりに僕に言います。

「明日の遠足ね、弁当いらないから」

「エッ！　どうして？」

「言わなくてもね、女子生徒が作ってきてくれるからだいじょうぶ」

と、ニコニコ顔で自信に満ちています。昨年までの経験がそう言わせているようでした。こちらは新米教師ですから、へー、そんなものかと彼に従います。

遠足当日、天気にも恵まれ、絶好の遠足日和。みんなでゲームをやったり、散策したり、そしていよいよお昼の時刻になりました。生徒たちは、三々五々、グループで草の上にシートを敷き、楽しそうにお弁当を広げます。僕にはどんなお弁当がくるのだろう？と思っていると、彼があわただしく駆けまわっています。そして、女子のグループのところに行っては、なにやら交渉しています。

「だれも作ってきてくれなかったの？」

「当たりまえじゃん、バカじゃないの？　そんなの作ってくるわけないじゃん！」

けんもほろろに断られています。どうやら彼の旬の期間は、短くあっけなく過ぎ去っていたようです。僕のところにもどってきて、こんなはずではなかったという表情で、すまなそうに、「だいじょうぶ、なんとかするから待ってて」と言いのこし、ふたたび交渉の旅に。そして数分後、なけなしのおにぎりとお菓子をもらってきて、わびしく二人でほおばることになりました。なんだかちょっとせつなく、教師稼業もそうそう甘くはないな！……と思うのでした。

しかし、僕は副担任だからまだしも、彼は自信たっぷりの自尊心をこなごなに打ち砕かれて、さぞかしガックリきているだろうと気の毒に思えました。

あとで、こっそり生徒に聞いてみました。すると、

「だいじょうぶ、あの人はあのぐらいじゃめげないから」

「最初から優しくしておくと、つけあがるから」

「だいたい、期待するほうがムリ」

と、口ぐちにいいます。生徒おそるべし、ちゃんと見ぬいているじゃありませんか。それもこれも、生徒と教師のあいだに近しい関係ができているからだと思いました。

いきなりの担任代行

遠足が終わってひと月もたたないころ、二年生の担任の一人が自宅の階段から落ちて骨折するという事故が起こりました。そして、その先生から担任辞退の申し出がありました。代わりの担任を立てなければなりません。するとどうでしょう？　白羽の矢が僕に立ったのです。ベテランの先生たちが多くいるなか、通常は、新任でいきなり担任というのは例のないことです。しかも、難しい二年生の途中からの担任です。なにか学内に事情があったのかもしれません。それはともかく、僕なら与《くみ》しやすいと、学年の先生たちが思ったのでしょう。

学年代表の古参の先生が僕のところにやってきました。

「あのね、急なんだけど、×組の担任をやってくれないかなー、いいかなー？」

「えっ！　担任って、どんな仕事をするんですか？」

「ん、いや、べつに特別なことは何もないの。ただ、朝、教室に行ってね、出席をとればいいの。それだけ。簡単なの」

あっさり、さらりと言います。

「あっ、そうなんですか。それなら自分にもできるかもしれません。それくらいならやってもいいですよ」

と、軽くひきうけてしまいました。

これまでの授業で、そのクラスの生徒たちとはすでに顔なじみでした。翌朝、出席簿を持って少々の緊張感をいだきながら教室に行くと、黒板の真ん中に、顔を近づけないと見えないくらいの小さな字で「蚊トンボ先生ヨロシク♡」と白いチョークで書かれていました（当時の僕のあだ名です。やせっぽちでヒョロヒョロしていました）。

生徒にはすでに、僕が新しい担任になることが知らされていたようです。これには本当にうれしくなりました。おかげで緊張もゆるみ、幸先のいいスタートでした。しかし、いいことはそこまで。これから降りかかる難儀の展開をまだ予見できない、ただの序章にすぎないことを、このときはまだ気づいていませんでした。

そうなのです。どっこい、担任はそんな甘いものではありませんでした。担任と副担任とでは、仕事量も、生徒に対する責任も、密着度も、天と地の差。それからは生徒相手に生身の格闘をするはめになりました。ケアをしたり、叱ったり、怒ったり、諭したり、相談に乗ったり、掃除をサボる生徒を追いかけまわしたりと、僕の身体と気持ちは休まる間もなく、生徒と全身でぶつかりあうことになるのでした。

朝、出席をとるだけだなんて、ウソも大ウソでした。説得にきた先生にそのことを訴えると、

「ははは っ、そんなこと言いましたっけね！　でも、担任してはじめて教師は一人前なんです。生徒とのつきあいが濃くなって、彼らがとっても可愛くなるでしょ。生徒も先生を慕っているようだし、教師として張りあいが出るってもんですよ。担任ひきうけてよかったでしょ。僕、感謝されてもいいかなー、ハハハー」

ですって！　僕は生徒ばかりでなく、この学校の老練な教師たちにも鍛えられていくのでした。

2 働きだした妻

朝の職員室でカニ走りステップ

僕が教員になるのと同時に、妻は教職を辞めて、専業主婦となりました。しかし、一年も経つと、専業主婦として家にいることに耐えられなくなりました。働きに出たいと言います。あなたにはなんの迷惑もかけないし、子どもは保育園に預けて、送り迎えも自分がやるからと。そう言われたら、ウンと言うしかないじゃないですか。

「いいよ、僕もできるだけ応援するよ！」

と、理解ある夫ぶりを発揮し、軽い気持ちで答えていました。

これが甘かった！　このことが、のちのち、自分の人生を大きく変える幕あけになるとは思いもよりませんでした。毎度のことですが、この〝かるーい気持ち〟で承諾することが、いいんだか悪いんだか、いつもいつも自分を苦境に陥れ、のちに自分を鍛えてくれることになるのです。

はじめに妻は、新聞広告で見つけてきた編集のアルバイトを始めました。すると、そうそう就業時間どおりには仕事が終わらないのです。応援すると言った手前、僕に家事・育児の仕事がまわってきました。そして、妻が働きはじめてまもなく、朝と帰りの保育園の送り迎えは毎日、僕の仕事になりました。それは、まだこのときは生まれていない下の子が保育園を卒業するまで続くことになるのでした。はじめの話とぜんぜん違うじゃないですか。

妻は、持ちまえの能力を発揮し、仕事がますます面白くなっていきます。専業主婦でいたときより、がぜんいきいきしてきました。やがてステップアップして、同じ編集の仕事で別な会社に引きぬかれます。妻が遅く帰る日が増えてきました。仕事ばかりではなく、職場の飲み会やつきあいも出てきます。

僕は朝、保育園に寄り、子どもを預けてから学校に向かいます。預かり開始の時間は決まっていますから、そんなに早朝には行けません。だから、どうしても、毎日遅刻ギリギリに学校に飛びこむはめになります。

この学校はちょっと変わっていて、朝の職員の打ち合わせというのがありませんでした。だから担任は、始業時間に自分のクラスのホームルームに行くことから始まります。その日の連絡事項はすべて職員室の黒板に板書してあるので、それを見て、メモして、出席簿を持って教室に行くというのが、この学校の担任のやり方です。

ところが、僕は始業時間ギリギリに学校に到着し、駐車場から猛ダッシュで職員室に走りこんでいきます。このときちょうど、始業のチャイムが鳴りはじめるというタイミングです。このチャイムを聞きながら、連絡黒板を正面に見て、横に移動しながらのカニ走りふうステップを踏みながら、瞬時に連絡事項を頭にたたきこみます。荷物を職員室の自分の座席に放り投げ、息継ぐ間もなく出席簿をわしづかみにして、教室へとまたまたダッシュ、教室に飛びこむのと同時にチャイムが鳴り終わります。

「ハア、ハア、ハア……」

あまり自慢できるものではありませんが、この特技がいつのまにか身についてしまいました。若かったからできたようなものでした。いまではもう、脳みそも退化し、足腰はガタがきて、そんな芸当、やろうと思ってもできたもんじゃありません。

帰りは、テニス部や化学部の部活動指導もあるのですが、保育園お迎えのギリギリの時間まで生徒につきあって、それから保育園に子どもを引きとりに向かいます。あの当時、いつもいつも時間に追われて、走ってばかりいたような気がします。

保育園帰りのその足でスーパーに寄って、朝、妻から渡された買い物メモを片手に夕食の買い物をして帰ります。いまでこそ、男がスーパーで買い物をする姿はごく当たりまえの風景ですが、三十数年前はまだまだ、スーパーでの男の姿なんてめったに見られませんでした。ましてや小さな子連れです。目立っていたと思います。ちょっと気恥ずかしい気持ちでした。

どうやら、レジでアルバイトをしていた生徒に目撃されたようです。後日、学校で、「あの先生はどうやら奥さんに逃げられたらしい」といううわさが飛びかっていました。

職員会議をぬけだしてお迎えに

毎週定例の職員会議があります。これがときどきもめて紛糾するのです。そうすると会議が長びいてしまいます。保育園のお迎えの最終時間が迫ってきます。どうしよう！　あとちょっと、もう五分だけ、もう限界！　しかたありません、カンカンガクガク、議論白熱のさなか、荷物をそっと持って、後ろ髪ひかれながら会議をぬけだします。

去りぎわ、先輩の女性教員と目があいました。彼女は僕の生活を見透かしたように、クスッと笑みを返します。きっと、昔の自分の姿を思い出したにちがいありません。「あんたもがんばりな！」と、応援メッセージを投げかけてくれたように思いました。そんなオーラを感じながら会議室のドアを、音を立てないようにそっと閉めると、脱兎のごとく駐車場までダッシュして、車を飛ばし、保育園に向かいます。

それでも遅刻してしまうことがあります。待っていてくれた保育士さんにひらあやまりし、最後に一人だけ園に残されていたわが子を引きとるときは、さすがに不憫《ふびん》にも思い、わが子への申しわけなさに胸が痛みます。と同時に、「働きながら子どもを育てている女の人たちは、こんな思いをしているんだ」と、初めて気づかされることになりました。

僕の勤める学校はリベラルを校風としていました。そんな空気があるなか、働きながら子どもを育ててきた頼もしい先輩女性職員たちが何人もいました。僕はときおり彼女たちに自分の境遇を嘆き、育児の大変さをこぼしていました。すると、彼女たちは、温かい目で僕の育児奮闘ぶりを見守ってくれるようになったのです。そして理解とエールを送ってくれました。それは、僕を応援するというよりは、僕を応援することで間接的に、専業主婦を辞めて働きだした妻を応援したかったようです。

僕に対するアメとムチ、おだてて働かせるこの手法。女性どうしの連帯意識には驚くべきものがあります。このころ、小さな子を抱えて働く女性はまだまだ少数派、女性の自立や社会進出のためにも妻を応援したかったのだと思います。

一方、男性陣からの応援は皆無でした。飲み会を断るごとに「尻に敷かれているのか?」「情けない!」「たまにはビシッと言ってやったら!」という言葉や冷たい視線を投げかけられ、男社会では孤軍奮闘を強いられていました。

梅雨の晴れ間の洗濯日和に、どうする？

妻は都内の民間企業に通っていました。一番のネックは通勤時間です。一方、僕のほうは、学校まで車で四十分ほど、保育園はその途中にあります。だから、僕が保育園の送り迎えをするのが一番むりがなく、合理的です。なので、そのことについてはしかたがないことだと思うのです。しかし、イレギュラーなことが起こると、ついその〝つけ〟が僕にまわってくるのがワリにあわないのです。

ある梅雨のあいまのさわやかに晴れ上がった朝、無謀にも妻は、たまりにたまっていた洗濯物を洗濯機に放りこんで、洗濯を始めてしまいました。しかし、干す時間は彼女にはありません。

「洗濯しておいたから！　時間があったら干しておいてー」と、大急ぎで会社へと出かけていってしまうじゃーありませんか。梅雨どきですよ、今日干さないでどうするの！と思いますよね。

さいわい、この日の僕の授業は一、二時間目が空いていました。これを逃す手はありません。職場に電話を入れ、朝二時間の年休を申し入れました。すると、電話にでた事務のお姉さんは、

「そうよねー、今日は絶好の洗濯日和よねー、わかったわ、教頭先生に連絡しとくね」と、明るく甲高い声で言うではありませんか。冗談にせよ、偶然にせよ、僕の生活を見透かされているようで、一瞬ドキリとしてしまいます。いやはや事務方の女性たちもあなどれません。というよりも、これも僕への「がんばりな」という励ましなのかな？　とちょっと温かい気持ちにもなるのです。

まず保育園へ子どもを送ってから、いったん家にもどり、洗濯物を干します。ここは教職員住宅、この時間にいるまわりの奥さんたちはみな専業主婦です。娘のパンツを干し、妻のパンツを干し、自分のパンツを干します。近所のだれかに見られはしないかと、少しドキドキしながら干している自分を意識します。そのうち、「あそこの旦那は奥さんの尻に敷かれてるらしい」なんてうわさがたったりしないかと、よけいな妄想が広がってゆきます。こんなことでビビるとは、まだまだ駆けだしの見習い家事小僧でした。

駅のホームで子どもの受け渡し

保育園に子どもを通わせていると、子どもは熱を出したり、いろいろな病気をもらってきたりします。そのなかには「手足口病」とか「リンゴほっぺ病」とか、いままで聞いたことのない名前の病気で、しかも伝染性のものもあります。そういうときは、いくら本人が元気でも、園では預かってくれません。さあ、大変！　家で面倒をみなければなりません。問題は、妻と僕のどちらが仕事を休むか、です。おたがいギリギリの譲歩で、休めるほうが休むことになりますが、たまに、どちらも譲れない事態が勃発します。そこで〝カーン！〟とゴングが鳴り、バトル開始！です。

朝の忙しいとき、争ってばかりもいられません。ない知恵を絞りだします。午前中は妻が年休をとり、家で子どもの面倒をみます。お昼すぎ、妻は出社の用意をして、子どもを連れて電車に乗って出かけます。途中、僕の学校の最寄駅のホームで待ち合わせをします。「何時何分の電車の最後尾の車両の一番後ろのドア」と示しあわせ、ドアが開くと同時に、子どもの受け渡しをするのです。

指定した電車が来ました。電車が停止し、ドアが開きます。ちょっと緊張します。打ち合わせどおり、ドアの前にはわが子を抱いた妻が立っていました。

「あとは頼んだわ」「ほぃ！」

という感じで、まるで荷物の受け渡しのようでした。子どもを受けとった僕は、午後、年休をとり、車で家路につくことになります。

しかし、これぐらいはまだまだ朝飯前、どうということはありません。このあとに、最高の

G難度が待っていました。

あるとき、子どもが急に熱を出しました。突発事態で、僕も妻も、半日たりとも休みがとれません。とくに僕は午前中がダメ。妻は一日中ダメ。さあ大変、どうしましょう？　しらばっくれて保育園に連れていっても、職場に電話がかかってきて呼びだされるだけです。だいいち、子どものことを考えていませんね。ほかに選択肢は？　仕事に穴をあける！　それも避けたいところです。

しばし考えあぐねたすえ、熱っぽい子どもを車に乗せ、学校に向かいました。そして保健室の養護の先生に頼みこみ、保健室に子どもを寝かせてもらいます。そのあいだに欠かせない授業と仕事を片づけ、午後の休みの段取りをします。一段落したところで年休をとり、子どもを引きとって、車に乗せて病院に向かうのでした。

ホントにまあ、あきれた綱渡りで、荒っぽい育児でした。でも、無我夢中で、一生懸命でした。それでも育ってくれた子どもたちに感謝するばかりです。

3 悪戦苦闘の家事・育児

え、ダシってなに？

妻の仕事は順調でした。ますます仕事が忙しくなってきました。仕事にやりがいも感じているようです。それにともない、育児も、家事においても、だんだん僕の仕事量が増えてきました。僕は買い物ばかりでなく、ときには夕食の支度もやらざるをえなくなります。

料理本片手に、慣れぬ料理に挑戦します。材料をメモし、スーパーで買い物をしてきます。買ってきた食材を冷蔵庫に分別して収納し、必要な材料を取りだします。ふぅー！　これだけでも、疲れているときはけっこう面倒なものですよ。そして、レシピに従って、洗って皮をむいて包丁でトントントン、と下ごしらえ。さあ、いよいよ調理にかかるか、というところで、

「ここでダシ2カップを鍋に入れ……」などと書いてあるのです。

「エッ？　ダシってなんだ？　そんなもんスーパーに売ってなかったぞ！」

目が点になってしまいます。思考停止。この先どうしたらいいのだろう？　ちょっとしたパニック状態に陥ります。

ダシを調べてみました。すると、「鍋に××カップの水を張り、コンブ×gを入れて弱火で加熱。沸騰直前にコンブを取りだし、つぎに×gのかつお節を入れてひと煮立ちさせ、ザルにふきんを敷いてこれを濾《こ》して……」と書いてあります。

エッ！　これをいまからやるの？　先に言ってよー‼　だいいち、コンブだってかつお節だって、どこにあるの？　また店に買いにいくの？　××カップって何？　どのカップ？　×gって、ハカリなんてあったっけ？……心が砕けそうになります。

いまなら、だしの素があるし、だしパックという手軽なのもある、なんなら麺つゆを代用するっていう手もある、くらいの知識と経験があるので、どうということはありません。最悪、ダシなんてなくても、水でいいのですよ。

ところが、僕は「男子厨房に入らず」で育った世代、せいぜい一人暮らしをしていた大学時代に、インスタントラーメンを手鍋で作ったていどの経験なのです。だからまるっきり基礎知識に欠けたまま、台所での悪戦苦闘が始まるのです。

レシピとにらめっこをしながら、ほとんど実験書を見ながら化学実験をしているような気分になってきます。習い性か、そこでつい、正確さにこだわってしまいます。百五十ccとあれば、液面を目線の高さに持っていき、ピッタリに量ります。そんなことをやっているもんだから、時間ばかりかかってしまって、手ぎわの悪いことこのうえないのです。

料理はアバウトでいいのですよ。好い加減に、いい塩梅《あんばい》に。その材料がなければ、あるものを代用すればいいし、なければなくてもいいか！　くらいの柔軟さが必要でした。料理には、状況に応じてなんとかするという生活の知恵と工夫が必要でした。料理をするということは、頭が柔軟になって、生きる力が鍛えられるような気がします。

「習うより慣れろ」で、はじめは酒のつまみに毛が生えたようなものが多かったのですが、場数を踏むと、だんだん料理らしいものもできるようになってきて、レパートリーも増えてきます。おまけに、妻に「おいしい」なんて言われると木に登るくらいにうれしくなり、がぜん、やる気になってきます。しかし、逆に「なにこれ！」と言われ、彼女好みの味つけに直されたりすると、自尊心が深く、深ーく傷ついてしまいます。妻のアメとムチ、なんだかアメが少なく、ムチが多かったような気がします。

しばしの父子家庭

二人目の子どもが生まれました。長女と四つ違いの男の子です。妻が出産で入院中は、娘と二人の父子家庭生活になりました。いくら家事・育児に慣れてきたとはいえ、妻がいない生活は心細く、頼りなさを感じます。男がおさな子を連れて外食すると、なんだか憐れみを誘うようで、つい人目を気にしてしまいます。

そんなある晩、娘と中華食堂に行きました。娘は足が床に届かないカウンター席に座り、二人並んで言葉少なに注文したラーメンをすすっていました。娘は、具のナルトが大好物だったようです。一番好きなものを最後の楽しみにとっておいて、ラーメンを平らげました。

いよいよお楽しみのナルトを食べようと箸《はし》でつまむと、皮肉にも箸のあいだからスルリと滑り落ちて、地面へ転がっていってしまいました。娘は、何かに耐えるかのような悲しそうな目で僕を見つめました。僕は勇気をだして、店主に頼んで、ナルトだけ追加してもらいました。妻がいれば大笑いですむ場面のような気がしますが、父子二人きりだとなんだかとってもわびしさを感じるのです。

こんな事件もありました。ちょうど中間テストの時期でした。

明日が僕の担当科目のテストの日なので、今日中に問題を印刷しておかなければなりません。なのに、肝心の問題ができあがっていないのです。もっと早くに用意しておけばなんということもなかったのですが、僕は、いつもギリギリに迫られないとやらないタイプ。ついつい、仕事をためこむ悪い癖があるのです。

さあ、困りました。保育園のお迎えの時間が迫っています。しかたがありません。未完成のテスト原稿を抱えて、娘を迎えに保育園に行きます。二人で晩の食事をすませ、娘を寝かしつけ、その後、眠い目をこすりながら試験問題を作り、解答用紙も作ります。完成したときは、日付も変わり深夜でした。しかし、まだ、これを印刷するという作業が残っています。

明け方、娘がまだ眠っているのを確認して、そっと家を出て学校に向かいます。急ぎ、問題と解答用紙を印刷して、所定の場所に収めます。一件落着、ほっとしたのも束の間、また急いで家にもどります。今度は、娘の朝食の準備と保育園の準備があります。

家に着くと、玄関のドアが開いたままになっていました。えっ！　まさか!!

目を覚ましたの？と思ってあわてて家のなかに入ると、娘がいません。外に飛びだして、あたりを探しまわっても、見あたりません。からだじゅうの血の気が引いてゆくのを感じました。このときばかりは、自分の心臓の音がドッキンドッキン、高鳴っているのが聞こえるようでした。僕のいないことに気づき、僕を追いかけて、表に探しにいったのかもしれません。

途方に暮れていると、隣の家の奥さんが僕に気づいて、娘を預かっていることを告げてくれました。聞くと、娘が目を覚まして、僕がいないことに気づき、表に出て僕を探しまわって泣いているところを見つけて保護してくれたようです。安堵感に、ヘナヘナと腰が砕けそうになりました。娘には本当に悪いことをしたと思いました。

やってあげてる家事・育児？

二人目の子が誕生すると、妻は退院してすぐに働きだしました。まだ、育児休業という制度もなく、小さな会社ですから産前産後の休暇がやっとで、下の子はゼロ歳児からの保育園入所になりました。

なにもそこまでして働かなくても。子どもが小さいうちは子育てに専念すればいいじゃないか。とも思うのですが、妻の働きたい気持ちは変わりません。二人を保育園に預けると保育料もかさみ、妻が働いたぶんくらいは消えてしまいそうです。つつましく暮らせば、僕一人の給料でもなんとか……と思うのはこちらの勝手な思いで、どうも、そういう問題ではなさそうです。

小さな子どもが一人から二人に増えると、育児労働の量は二倍どころか数倍にもふくらんでくるような気がします。朝は、たくさんのおむつとミルクビンを手提げバックに入れ、お昼寝布団を抱えて、二人の子を保育園に送り届けます。帰りは、保育園から二人を引きとってきて、台所で、妻に渡されたメモを見ながらミルクや離乳食作りをします。

あるとき、台所仕事をしていると、下の子が、ウンチをもらしてギャーギャー泣きわめきはじめました。同時に、上の子は、庭に面した上り框《かまち》から地面に転がり落ちて、これまたギャーギャー泣きはじめました。台所では火にかけた鍋がぐらぐら煮えたっています。

「えーぃ、いったい、いま何を一番優先したらいいんだ！」と、こちらが泣き叫びたくなります。「なにもかも、もう、ヤメター」と、すべてを放りだしたくなるのです。

学校では、とくに女性職員からはいつも、「あんたはよくやってるねー」とほめられ、持ちあげられ、感心されています。だから僕もついその気になって、家に帰ると、これだけやってやってるんだぞ！もっと感謝してもいいんじゃないか？と、妻に対して上から目線になります。すると妻は、

「女がやって当たりまえと思われて、どうして男がちょっとやったくらいで感謝させられなくちゃいけないのよ？」

と、手厳しく切り返してきます。これを聞いた僕は、うかつにも、なんて冷たい女《ひと》なんだろう？と思ってしまうのです。

一方、妻のほうも、男の操縦法があまり上手ではなかったような気がします。適当におだてて感謝のそぶりでも見せておけば、男はその気になって気持ちをよくし、馬車馬のごとく働くというものですよ。それが直球勝負でくるものだから、僕もカチーンときてしまう。二人とも未熟だったのですね。

いま考えると、僕が女なら、やっていることはごく当たりまえのことで、働く母たちはみな、普通にやっていることなのです。だから、妻が言うのはもっともなことでした。僕が男だから、自分がたいそうなことをやっているように思ってしまう。まわりもチヤホヤしますしね。それに、ほかの男はそんなことやらずにすんでいるので、なんで僕だけがこんな思いをしなくちゃならないんだと、やっかみや抵抗感があったように思います。

さらに考えてみれば、いま冷蔵庫に何が残っているか？　何が足りないか？　明日の保育園の準備は？　明日の朝食は？　お弁当のおかずは？　洗濯は？……というのは、じつは妻がマネジメントしていたように思います。僕がやっていたのは「やってやってるんだゾ家事・育児」「お手伝い家事・育児」で、男も当然やるべき家事・育児にはなっていなかったように思います。「男の僕がやってあげてるんだから感謝しろよ」という傲慢さが見えていたのかもしれません。

第2章

生活科学のほうへ

化学から家庭科へシフトチェンジ

1 科学への懐疑

化学を教える意義って？

一九七九年に、「共通一次試験」という国公立大学入試のためのマークシート方式の全国共通テストが始まりました（これが現行の「大学入試センター試験」につながります）。教師になって三年目のことです。七〇年代は大学への進学率が急速に高まった時代でした。

その二、三年後、日本史の教科書の記述で、中国大陸や朝鮮半島への〈侵略〉か〈進出〉かが問題になり、それをテレビのニュース番組がとりあげていました。レポーターが予備校生にインタビューしています。

「このことをどう思いますか？」と聞かれた予備校生は、こう答えました。

「〈侵略〉でも〈進出〉でも、そんなのどっちでもいい。〇か×か、どっちかにしてほしい。はっきりさせてくれないとマークシートで困る」

テレビの前で唖然としたことを思い出します。

あるとき、僕の化学の授業中に、大胆にも机の上に堂々と世界史の参考書をだして、受験勉強の〝内職〟をしていた三年生の生徒がいました。それを見つけた僕は、

「おい、なにやってんだ？　化学と違うじゃないか。ひとが一生懸命、話をしてるというのに。その態度はなんだ！」と怒りました。

内職なんてそうめずらしいことではないし、居眠りやおしゃべりなんかは日常茶飯事。叱るというのも教師と生徒のコミュニケーションのひとつですから、生徒のほうも、この場のマナーというか暗黙のルールとして、申しわけなさそうな顔をして「ごめんなさい」とか、照れ笑いでも浮かべて「エヘッ！　すいません」というリアクションでもすれば、無事に収まるところです。ところが、たまたまこの生徒は、こういう場面に慣れていなかった。怒られた経験があまりなかったところに、みんなのまえで怒られたため、つい自己防衛のために逆ギレしてしまったのでしょう。

「なんで化学なんか勉強しなきゃならないんだ。こんなもん、社会に出たってなんの役にも立ちゃあしない。だいいち、自分の生活になんの関係もない。化学なんか知らなくたって生きていけるんだ。こんなわけのわからない勉強をやろうとも思わないし、知りたくもない！」

と、この僕に向かって言うのですよ。

生徒の苦笑いと反省を予想していた僕は、意外な反撃にちょっと面食らい、しばし言葉を失っていました。そして同時に、僕も冷静さを失い、返す言葉を探しているうちに、思考が途切れて、つい怒鳴ってしまったのです。

「なにー、そんなこと言うなら、もうこの授業に二度と出るなー！」

いきおい、そんな啖呵《たんか》を切ってしまいました。まだまだ若かった。修行が足りませんでした。そしてその後、僕は深く、深く落ちこんでしまうのです。同時に反省もしました。生徒のほうは意外にケロッとしているのですが、このことで、僕はダメージをうけました。生徒を叱ったあとに教師のほうが傷ついてしまう、ということはままあることなのです。

「あいつが言うことももっともかもしれないなあ。自分はいったい、なんのために化学を教えているのだろうか？　学校で化学を教える意義って、なんなのだろうか？　何を生徒に伝えようとしているのだろうか？　知識だろうか？　科学に対する態度、考え方？　興味関心？　いったいなんのために……」

疑問が頭のなかでグルグルまわっていました。

水俣病のこと

僕は、人びとを幸せに導くのは科学技術だと信じ、科学の道を歩んできました。理系の学部を卒業して、自分の希望で化学会社の技術者になり、大学の化学研究所の助手もつとめ、やがて高校の化学の教師になりました。化学を教えはじめて数年が経ち、いまあらためて、「化学を通じて、いったい僕は何を生徒に伝えたいのだろう?」と考えはじめました。

それまでのあいだ、ずーっと心に引っかかっているものがありました。それは、大学紛争のときに知った「水俣病」という公害問題でした。僕にとって「水俣病」は、ショッキングな出来事でした。一九五〇年ごろから熊本県の水俣地方で発生が表面化した、チッソという化学工業会社がひき起こした公害事件です。海に流される工場排水に含まれていた有機水銀（メチル水銀）が原因でした。これが生物濃縮されていって、この地域で捕れる魚介類を食べていた多くの住民に水俣病が発症しました。

犠牲者を多く出してしまったのは、原因究明が遅れたからです。当時、有機水銀による中毒症状はあまり知られていませんでした。水俣病の被害者たちは「奇病」としてあつかわれ、伝染病を疑われて隔離され、差別や偏見という二次被害にもあいました。

一九五九年、ようやく熊本大学医学部の研究班が、原因は工場排水に含まれていた有機水銀である、という説を出しました。しかし、会社側と国はこれを否定します。しかも、その原因究明の過程で、会社側に立つ、大学の権威ある化学者が企業を擁護するまちがった原因説（有毒アミン説や腐敗アミン説）を発表し、原因の特定が遅れました。水俣病の犠牲者は国からなんの対策もとられないまま放置され、やがて、一九六五年には新潟県阿賀野川流域で新たに水俣病が発生することになりました。これが第二水俣病とよばれるものです。

政府も、企業も、国益や会社の利益を優先したため、その先入観が真相究明を遅らせ、被害を拡大させました。何も知らされていない立場の弱い市民に、長きにわたり犠牲を強いる結果となったのです。それに加担したのが化学者でした。

豊かさをもたらしてくれると思っていた科学が、一方で公害を発生させ、市民を苦しめる結果となっていました。僕は、ここで初めて科学を疑うということを知りました。科学が〝両刃の剣〟であることも知りました。科学は新たな便利さをもたらすと同時に、見えない落とし穴や、危険という新たなリスクをもたらすのです。科学者・技術者の姿勢や考え方、あるいは先入観が事実を見誤らせることも、この水俣病から学ぶことになりました。

原発と原爆

共通一次試験が導入されたのと同じ年（一九七九年）に、アメリカのスリーマイル島の原子力発電所が大事故を起こしました。原子力の平和利用が進められていたこの時代、初めてそれに疑問符が投げかけられた事故でした。

当時、日本でもすでに十八基の原発が稼働しており、福島第一原発もそのなかにありました。原発の安全神話は、このときすでに崩れていたのです。この事故を私たちは遠い他国のことだと考え、多くの人が、日本で原発事故が起こるとは考えていませんでした。

七年後の一九八六年、今度はソ連（現ウクライナ）のチェリノブイリ原発が事故を起こしました。まえの事故をはるかにこえる規模の、史上最悪の原発事故でした。このときでもまだ、私たちは引き返すのに遅くはなかったように思います。しかし日本では、安全対策が二重にも三重にもなされているから絶対に安全だと宣伝され、原発の推進は止まることがありませんでした。そして二〇一一年、三・一一を迎えたのです。いまだに自宅に帰れない人がたくさんいるなか、安全神話が崩壊してもなお、私たちはいまふたたび原発推進に舵を切ろうとしています。

スリーマイル島の原発事故のあと、同僚から、原発について、その原理や歴史をわかりやすく解説するものを書いてくれと頼まれました。そこで、一生懸命に文献などを調べ、それをまとめて研究紀要に書きました。調べていくなかで、原子爆弾の製造計画である「マンハッタン計画」というものを知りました。マンハッタン計画は、その研究・開発の段階から完成・使用に至る過程において、現代の巨大科学を考えるうえでひじょうに示唆に富んでいます。

ここで、マンハッタン計画の概要を追ってみたいと思います。

核分裂の現象が発見されたのは、第二次世界大戦が始まる前年(一九三八年)です。このニュースはたちどころに世界中の科学者のあいだを駆けめぐり、ウランの核分裂のさいに発生する莫大なエネルギーに関心が寄せられました。

ドイツでナチスが力を増すにつれて、ヨーロッパの優秀なユダヤ系科学者たちは、難を逃れるためにアメリカに亡命します。彼らは、ナチスドイツが原爆を開発することを恐れました。そこで、当時すでに著名になっていたアインシュタインを誘い、時のアメリカの大統領・ルーズベルトに手紙を送ります。その内容は、ドイツに先駆けて、ただちに原爆開発に着手することを要請するものでした。

それをきっかけに、原爆のための巨大な開発計画、マンハッタン計画が立ち上がります。この一大プロジェクトには空前の巨費が投じられ、大量の物資と膨大な数の科学者・技術者が動員されました。計画は極秘裡に進められ、科学者・技術者たちは、何のための研究か、何を目的とした開発かは知らされずに、個々人に与えられた当面の研究課題に情熱を傾けます。計画の全容を知っていたのは、大統領を含めほんのひと握りの人だけでした。原爆が完成したとき、科学者・技術者たちは喜びに沸き、目的達成の満足感を味わったといいます。

一九四五年七月十六日、アメリカ、ニューメキシコ州のアラモゴード砂漠で、人類初の原子爆弾の実験（核実験）がおこなわれました。予想をはるかにこえた原爆の威力に、一部の科学者は原爆の使用に反対を唱えるようになります。しかし、それは顧みられることなく、原爆は科学者たちの手を離れ、政治や軍事的戦略の道具として使われることになりました。

原爆の完成当時、ドイツ、イタリアはすでに降伏をしていました。残る日本の敗戦はもはや時間の問題でしたが、アメリカは八月六日にウラン型原爆を広島に、八月九日にプルトニウム型原爆を長崎に落としたのです。そのころの世界情勢は、大戦の戦後処理をどうするかに関心が移っていました。アメリカがもっとも警戒していたのは、ソ連を筆頭とする共産圏の台頭です。優位を保ちながら戦後処理を進めるには、圧倒的な軍事力を世界に誇示しておく必要がありました。戦争の早期終結のためといわれますが、原爆投下の必然性がどれほどあったのか、いまだ疑問が残るところです。

戦後、原爆は裏の舞台に身をひそめ、かわって〝核の平和利用〟と称されて、マンハッタン計画で開発された原爆の技術は、原発にひき継がれることになりました。原発の原子炉内で生みだされるプルトニウムは、原爆に転用可能であり、原爆と原発は表裏一体の関係にあることを私たちは忘れてはならないと思います。

水俣病と原爆の共通性は、いずれも現代科学が生みだしたものであること、そして、それによって多くの市民が犠牲になったということです。現代科学の研究・開発が巨大化し組織化され、それが国家の政治・経済の目的や企業の利益追求にそっておこなわれるようになったのです。

ここには、近代化にともなう科学の歴史的転換点が見られます。純粋研究だった科学は、なんらかの目的をもった現代科学へと変貌します。研究の多くはチームによる共同研究となり、巨大技術と結びつきます。そこでは利便性や効率が最優先されて、成果が求められ、科学のもつ両刃の剣というべき危険性を過小評価する側面をもつようになりました。

2 生活科学という視点

科学を暮らしの視点でとらえる

僕は、自分がやっている化学の授業に、生活科学をとりいれることを考えはじめました。

一九八〇年代に入ると、公害の問題はやがて環境問題に拡大し、環境汚染の問題はもはや他人ごとでも、局所的なものでもなくなりました。

たびたび注意報がだされるようになった光化学スモッグは、工場や車の排気ガスによる大気汚染が原因と考えられます。九〇年代後半にさわがれたダイオキシンは、生活用品に含まれる塩素化合物をゴミ処理場で燃やすさいなどに発生していました。

環境問題は地球規模で広がっていきます。地球温暖化、オゾンホール、熱帯雨林の減少、砂漠化、酸性雨などなど、いずれも人間の生産活動が原因です。現代の人間社会の大量生産・大量消費への警鐘のようにも受けとれます。地球のどこにいても逃れようがなく、被害者が加害者ともなり、加害者もまた被害者になります。人体への影響、地球環境への負荷、地球上の生物たちとの共生をも考えながら、私たち一人ひとりが生き方を問いなおす時代が来ているように思いました。

暮らしを科学の視点でとらえる。逆に、科学を暮らしの視点で考えてみる。こういうことを生徒に伝えたいと思うようになりました。これが、あの「内職」をしていた生徒への、ちょっと遅くなった僕なりの回答でした。

僕は化学の授業に、石けんづくり、藍染め、草木染め、豆腐づくり、こんにゃく、味噌づくり、水の分析など、身近で生活に密着したものをとりいれるようになりました。体を動かす授業は、生徒たちも楽しそうに乗ってきます。もちろん、内職も居眠りもありません。僕が授業であつかう領域は、受験とか教科書の内容をこえて、広く外に向くようになっていきました。

校舎の裏の雑木林で

僕はときおり、授業の空き時間に、学校の裏の雑木林を散策するのを楽しんでいます。鳥の声に耳を澄ませ、風の音や木々がふれあう音を聞くと、学校という社会の窮屈さや喧噪から解放されて心が落ち着き、なんだかとっても気持ちが和むのです。そしてなによりも、そこには発見があり、授業の教材がいっぱい転がっているのです。

同僚の先生たちにはあまり知られていないのですが、裏の林はタラの木が自生している穴場なのでした。ある冬にそれを発見しました。タラの木は、幹にたくさんのトゲがあるのですぐにわかります。

春先、タラの芽が出てくるのを僕は心待ちにし、温かくなってくると、ときどき偵察に行っては、もう少しだなーと思い、はやる気持ちを抑えます。満を持し、もうそろそろいいころかなと思って採取に出かけると、なんとタラの芽は見事なほどにすっかり採られたあとでした。

学校の敷地内なのですが、昔から住んでいる近隣の人は、そこにタラの木があることをよく知っていました。育ち具合は毎日チェックされていたのです。こんなところにライバルがいたとは予想外でした。でも、ガッカリすることはありません。おいしいのはなにもタラの芽ばかりではありません。〝残り物には福〟がたくさんあります。芽のあとに出る若葉がけっこういけるのです。柔らかいタラの若葉は天ぷらが最高です。

僕は化学の先生らしく白衣を身にまとい、授業の空き時間に、カッターとビニール袋を持って裏の林にタラの若葉採りに出かけます。すると、フェンス越しの下の道路を、体育ジャージ姿の生徒たちが走っていました。

僕に気づいた生徒が、ニコニコしながら声をかけてきます。

「センセー、何してんのー？」

「あっ！　いやー、授業の教材さがしだよー」と、答えておきます。

昼休みに職員室にもどると、先ほどの授業の体育の先生にバッタリと出会いました。

「先生、あんなところで何してたんですか？　研究ですか？」

「そうなの、研究なの、自然探究なの」

その晩、タラの若葉の天ぷらはわが家で大好評でした。

公私混同ですと？　そんなことはありません。食べられるかどうか、安全であるかどうか、おいしいかどうか。これはれっきとした授業研究なのです。

数日後、教室で授業をするにはもったいないくらいの晴天となったある日、生徒たちを雑木林に連れていきました。先日、採っておいたタラの若葉のサンプルを生徒に見せ、各自にビニール袋とカッターを持たせて、採ってくるように指示します。僕はひと足先に化学実験室にもどって、調理室から借りてきた中華鍋に油を注ぎ、火にかけ、小麦粉を溶いて準備します。生徒がタラの若葉を採ってもどってくると、その場で衣をつけて油で揚げ、塩を振って食べてもらいます。「うめぇ、うめぇ」の連発でした。

化学の授業とどう関係するの、ですって？　「自然と人間の関係」「自然の恵みに生かされる」「人の生活圏と雑木林」「雑木林の効用」「天ぷらの衣が旨味を閉じこめる」……、うーん、ちょっと無理がありますかね？　でも、自然に触れて、その恩恵をいただいて、タラの若葉を探しているうちに何かを感じたり、何か発見でもあったらいいかなーと思うのです。

化学実験で豆腐づくり！

今日は、豆腐を作る実験です。前日、学校を出るときに、大豆を水に浸しておきます。

授業ではまず、水をたっぷりに含んでふくれあがった大豆を、液ごとミキサーにかけます。大豆はこなごなになり、やがてクリーム状になります。それが呉汁《ごじる》です。

これを火にかけます。十分ほどアクを取りながら煮出して、熱いうちに布でこしとります。布に残った固形物が「おから」、こし分けられた液状のものが「豆乳」です。

豆乳は、大豆たんぱく質のコロイド溶液です。つまり、たんぱく質の大きな分子がコロイド粒子とよばれる大きさになって、水に分散している状態です。ここに、豆腐

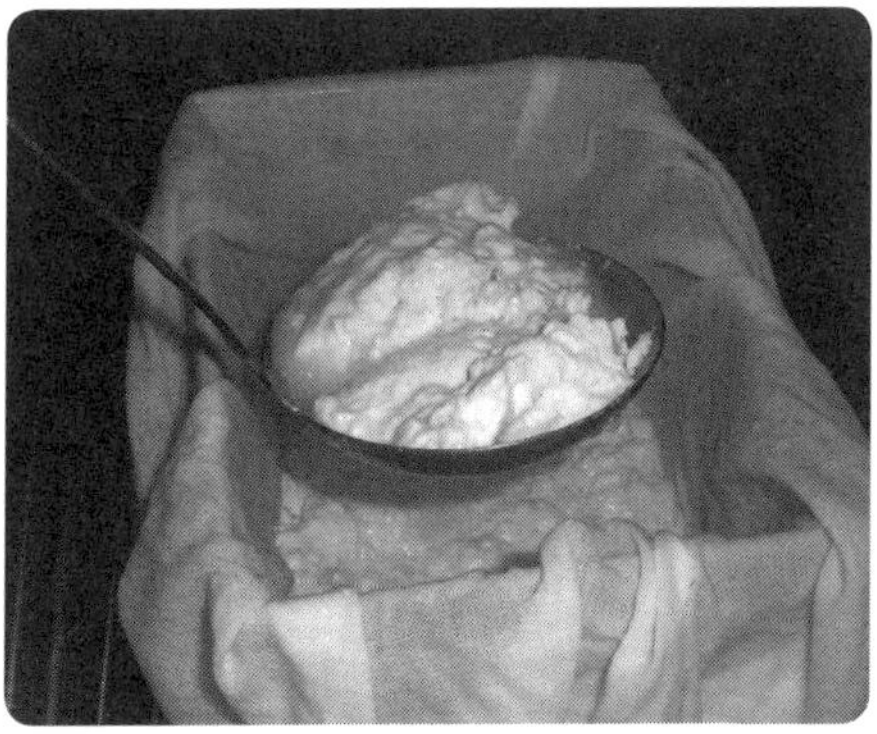

にがりを加えたあと。おぼろ豆腐の状態

屋さんで分けてもらっておいた「にがり」（塩化マグネシウム $MgCl_2$）を少しずつ加えていきます。すると、電解質であるにがりの成分のマグネシウムイオン（Mg^{2+}）が接着剤の働きをして、大豆たんぱくをつぎつぎとくっつけていって、固形物が沈殿します。これをお玉ですくいとって、ガーゼを敷いた型に入れて重しをして、ハイ、できあがり。重しをすると水分がぬけるので少し硬さが出て木綿ごし豆腐に、重しをしなければ柔らかい絹ごし豆腐ということになります。

これは、化学であつかうコロイド溶液の塩析（たんぱく質の変性という説もあります）の実験になります。できたての、まだ温かいお豆腐のおいしいのなんのって、ほのかな甘みがあって、一度味わうとこたえられません。

つぎの化学の実験は染めものです。藍染めをします。これは、化学でいうところの酸化還元の生きた授業になります。

藍染めは、藍の色素「インジゴ」が布の繊維に吸着されることで、ブルーに発色します。このインジゴは、藍（タデ科の植物）を発酵させることで草の成分が変化して作られます（〝すくも〟とも藍玉とも呼ばれます）。しかし、インジゴは水に溶けないので、アルカリ性水溶液で還元して還元型の分子構造にします。そうすると水溶性になり、繊維に浸みこんでいきます。これを空気に触れさせると、空気中の酸素で酸化されて、もとの不溶性のインジゴにもどります。これを何度かくり返すことによって、布に色素が定着する量が増し、濃い青（藍）に染まってゆくのです。

藍染めで、絞り染めをおこないました。布をつまんで糸で固くしばります。そのようにして染めると、しばったところだけ色むらができて、独特の模様が染め上がるのですね。

すると、生徒の一人がうれしそうに、「これって、家庭科みたい」と言うではありませんか。

えっ！　そうか、家庭科があったのか。家庭科だって科学じゃないか、そうひらめきました。

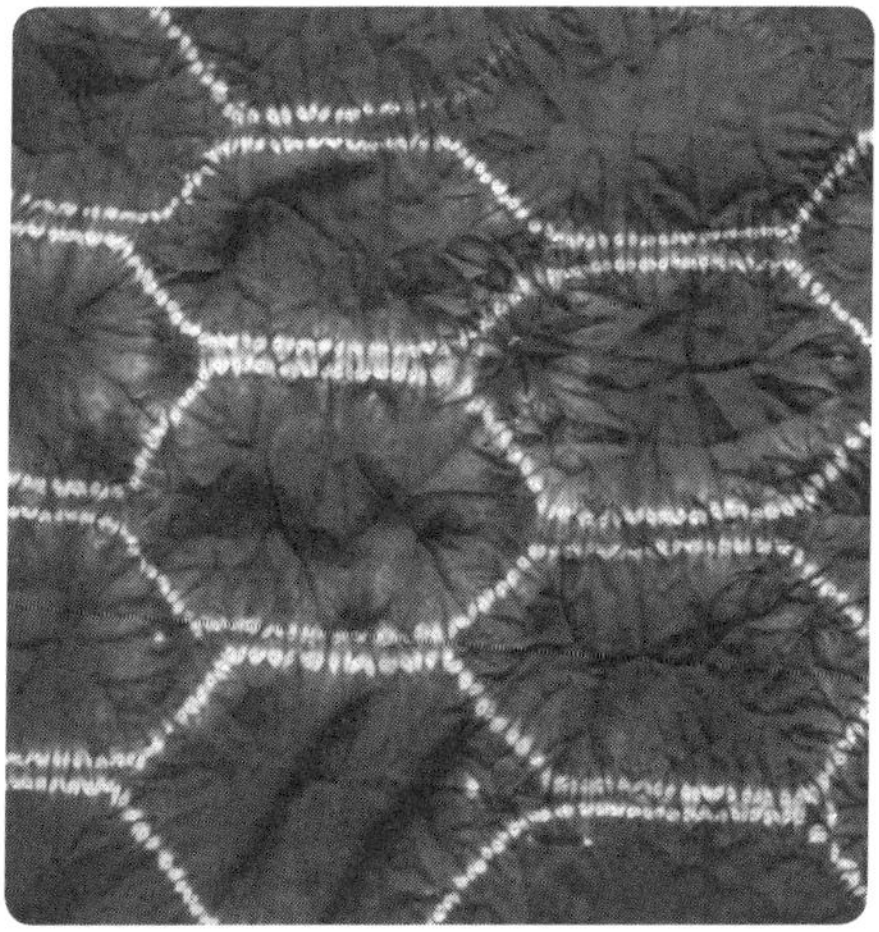

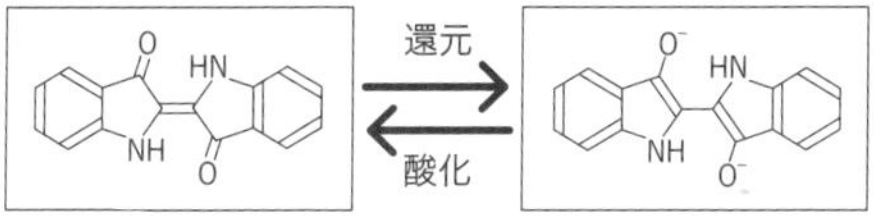

酸化型
水に不溶性のインジゴ

還元型
水に可溶性のロイコ体

家庭科を科学でとらえたら、生活科学という意味でおもしろそうだ。また逆に、科学を家庭科の視点でとらえたら、もっともっと科学が身近なものになるのではないか。それに、家庭生活では家事・育児で苦戦してきましたから、ますますこの未知なる家庭科という分野に興味がわいてきました。

3 家庭科は女の世界？

家庭科の思い出

僕らの世代は、男が家庭科を学んだのは小学校五、六年のときだけでした。何を勉強したかほとんど覚えていませんが、調理実習でリンゴジャムと野菜サラダを作ったことだけが記憶に残っています。これがおいしかったんです。自分で作ったから格別おいしく思えたのかもしれません。残ったのを家に持ち帰って、家族にも食べてもらいました。ドキドキしながらようすをうかがっていると、母が「おいしいね！」と言ってくれました。うれしかったですねー。

中学に入ると、男は技術科、女は家庭科と別学になり、以来、家庭科とは縁がなくなりました。さらに高校は男子校だったので、その存在さえ意識にのぼることもなくなりました。それから十年が過ぎ、高校の教員になったとき、女子が家庭科を勉強していることを知るようになりました。

女子が家庭科をやっている時間には、男子は校庭を走りまわっていました。いや、体育をやっていたのです。教員になりたてのころは、そういうものなんだとふつうに思い、なんの疑問も感じていませんでした。

中間テストや期末テストのとき、家庭科の試験監督にあたることがありました。試験問題から、家庭科の内容が少し見えてきます。そのなかで、化学に近い内容をいくつも発見しました。たとえば、洗濯で汚れが落ちる原理（下図参照）。そこに界面活性剤とか乳化といった用語が出てきます。これはコロイド化学の応用編です。これを女子だけが勉強して、男子は知らないというのもちょっと変な気がしていました。でも、家庭科は女の世界、自分とは別世界で、縁のないものと、そのとき

汚れの落ちる仕組み

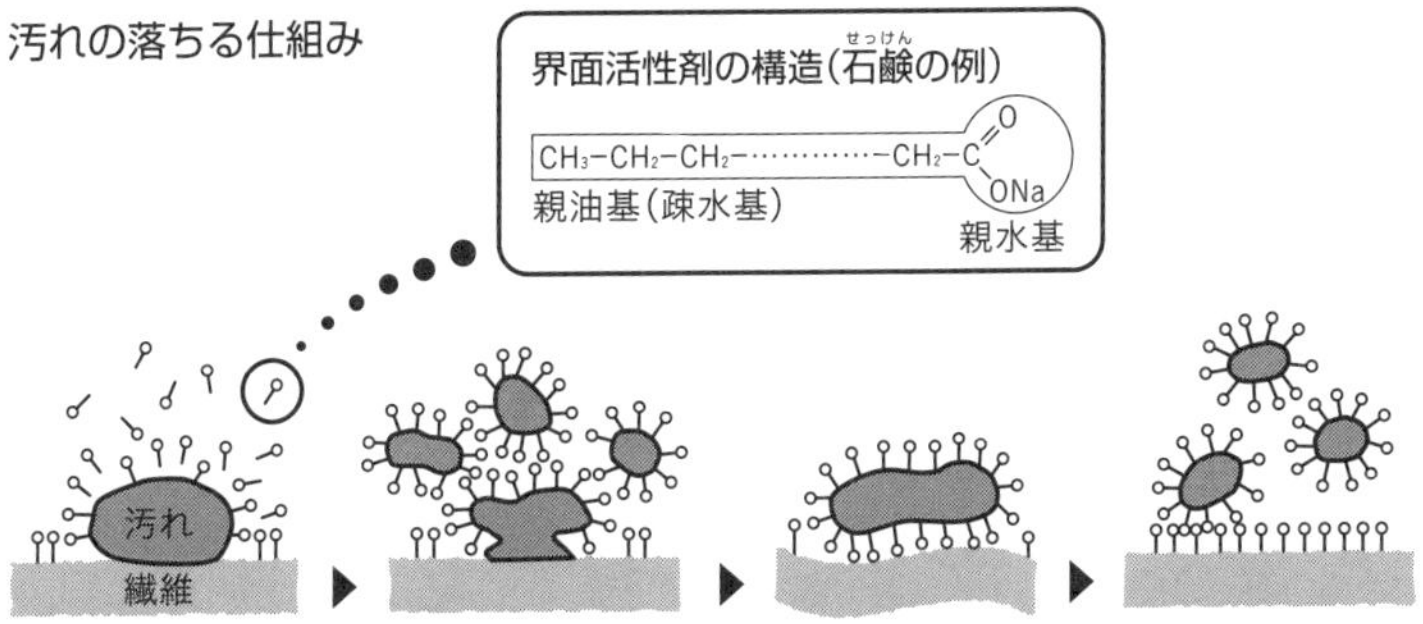

❶界面活性剤は親油基を汚れの表面に向けて集まり、繊維と汚れの間に浸透する（浸透作用）。

❷界面活性剤の作用により汚れは細かくなり、少しずつ取り出される（乳化・分散作用）。

❸浸透した界面活性剤は繊維と汚れの付着力を弱め、洗濯機の機械作用により、汚れは落ちやすくなる。

❹界面活性剤が汚れや繊維を覆い、汚れが再び繊維に付くのを防ぐ（再付着防止作用）。

牧野カツコ・河野公子ほか『家庭総合』東京書籍より

はあまり深く考えていませんでした。

ある女子生徒の問い

あるとき、女子生徒から、

「なんで、女子だけ家庭科を勉強しなくちゃいけないの？」

と聞かれたことがありました。僕は、

「将来、役に立つからさ」と答えました。すると、

「男には役に立たないの？」

と聞かれ、ハッ！とし、答えに窮してしまいました。すぐに、安易に答えたことを後悔しました。


僕は、家庭生活で家事・育児に苦戦中です。男にも家庭科が役に立つことは身をもって体験していました。言われてみればもっともな話です。家でも妻に、「なぜ家事・育児が女だけなの？」と問われていました。「男は外で仕事、女は家庭で家事・育児」という僕の意識を、この女子生徒から見透かされ、とがめられたような気がしました。

男女平等が建て前の公教育の場で、当たりまえのように思っていた女子のみの家庭科でした

が、考えてみれば不自然な話に思えてきます。それに、生活科学という観点で考えると、こんな楽しそうな教科はほかにありません。それを女子だけになんて、それこそ不公平ではありませんか。

その生徒は、

「でも、家庭科は受験には役に立たない。女だけ時間をとられて不利になる」

と言いのこし、立ち去ってゆきました。これを聞いて、とても複雑な気持ちになりました。

そもそも、役に立つか否かで教科の重要性を比較するのはおかしな話です。いつ何時、何がどんな役に立つかなんて計り知れないものです。学校教育のなかでは、かならずしも役に立つものだけが必要とは思いません。役に立たないことを学ぶことが役に立つ、という言い方もできそうな気がします。それが思考の広がりをつくり、幅ひろい人間性につながるように思うからです。しかし、生徒にとっても教師にとっても、目のまえにさし迫る受験は切実な現実問題です。それに教育全体がふりまわされているのも現実です。

先の「内職」の生徒は、生活に役に立たない化学を押しつけられていると感じ、この女子生徒は、受験に役立たない家庭科を押しつけられていると感じています。二人とも、余裕がなく、目先の利得にばかりとらわれているように見えます。そうさせているのは社会であり、学校や教育の仕組みです。僕は、化学も家庭科も、どちらも面白く興味深いと思っているのですが、それがなかなか伝わりません。

意識のフェンスに気づけるか

ここにもうひとつ問題があります。女子のみの家庭科が、女子がやがて結婚して家庭に入り、家事・育児の役割をおもに担うことを暗黙のうちに前提としていることです。というか、女子だけが家庭科を学ぶことが、知らず知らずのうちに、「男は外、女は内」という意識を生徒に植えつけていることにほかなりません。僕が少年時代に、男は黒のランドセル、男は科学と思いこんでいたのと同じように、人は根拠もないのに、いつのまにか刷り込まれていることって、あんがい多いのではないでしょうか?

学びというのは、自分の狭い先入観や意識に気づき、もっと広い世界を知るということだと思うのです。科学もそうです。それは科学の歴史をみれば明らかです。目に見える世界や日常経験する常識にとらわれている世界は狭いものです。それを疑うことから始まり、視点を変えたり、発想を変えたりして見てみると、また違った実像が見えてきたりして、もっと広い世界に誘ってくれるのが科学だと思うのです。

たとえば、生活しているなかで、地球が丸いなんて思えないのがふつうです。ましてや、地球が太陽の周りをまわっているなんて思えないはずです。大昔の人びとは、地球は平盤だと思っていたし、太陽が地球の周りをまわっていると思っていました。それで、なんの不都合もないのです。小さな子どもも、学校で勉強したり、本を読んだりして、初めて地球が丸かったり、地球が太陽の周りをまわっていることがわかる。自分の常識が崩れたときに、自分のいる世界が広がるのです。

だから、あの女子生徒が、なぜ女だけ？と疑ったことはとても大切なことだと思います。はじめから女は内向きと決めつけてしまっては、せっかくの能力や可能性を開花させるチャンスを奪ったり、失ったりしてしまうことになります。

しかし、そのことに、僕をふくめ男の側はなかなか気づきません。というより、社会の文化や仕組みのなかに男女を分ける枠組みがしっかりできている。そのなかだけで考えたり、ものごとを見たりしていると、見えてくることは限られてしまいます。人工衛星に乗って地球の外から見れば、あるいは見晴らしのいい小高い山から地平線を見れば、地球が丸いということはすぐにわかります。地上の平坦なところにだけいると、それは見えてきません。

「女だから」とか「女のくせに」とか、「男だから」とか「男のくせに」という世界を飛びこえてしまえば、もっと楽に生きられるように思います。本当は、両方で垣根をピョンピョン飛び交えば、いやいや、いっそのことそんなフェンスはとっぱらってしまえば、もっと広い視野でものごとを見たり考えたりすることができるし、双方ともハッピーになれるように思うのですが、どんなものでしょうか？　とはいえ、そこはなかなか強固な壁があるもので、言うは易く、そう簡単にはいかないことは身をもって経験しています。それを可能にする社会的支援や社会システム、教育のあり方、企業のあり方などがこれから必要になってくると思われます。

問題は気づきです。僕の場合、女性（妻）の側からの突きつけで、少しは理解できるようになりました。それだって、何度もバトルをくり返して、ようやくです。自分を棚に上げて言うのもナンですが、やはり、気づいた側の粘り強い異議申し立てがないと、世の中は変わらないものかもしれません。そして、受け手の側はその異議申し立てを聞き入れる姿勢をもつことが大事だと思います。それには、男女ともに思考の柔軟性が必要な気がします。人はなかなか頑固なものですから。

家庭科の歴史

ところで、家庭科は昔から女子だけが学ぶ教科だったのでしょうか？

ここで、家庭科の歴史を少しふり返ってみたいと思います。

学校というかたちが全国に整うのは、日本が近代国家として出発する明治以降です。明治期の初等教育のなかに、女子教育として「手芸」がおかれました。その内容は和裁が中心であり、女子の就学率を上げることが目的でした。近所のお師匠さんのところに習いにいかなくとも、これからは学校で教えますよ、という勧誘でした。

やがて、「手芸」は「裁縫」の名にかわり、さらに「家事」が加わるようになります。中等教育（高等女学校）においては、「家事」（家内の整理・家事衛生・飲食物の調理・家事経済・養老及び看病・育児）、「裁縫」と、良妻賢母教育としての内容が広がります。

戦前の学校教育に、家庭科という教科は見あたりません。しかし、この「家事・裁縫」に家庭科の源流を見ることができます。なかでも「裁縫」がとくに重要視されていました。それは、「女は裁縫ができて一人前」という考えがあったからです。当時の家庭生活において裁縫は、暮らしを成り立たせるうえで、なくてはならない生活技術でした。また、嫁に行くときに身につけておくべき女子の素養ともなっていたのです。

「家事・裁縫」教育には、良妻賢母を育てるという目的もありました。夫や舅《しゅうと》・姑《しゅうとめ》をたて、家のしきたりに従順な妻・嫁という役割が求められ、加えて、子どもを育てる母親になるための教育が意図されていました。

戦後は軍国主義から一転して、日本は民主主義国家として再出発します。教育における民主化政策がすすめられるなか、新憲法や新しくできた教育基本法のもとで、「家庭科」は男女が協力して「民主的家庭」を建設するための新しい教科として生まれました。

小学校では、五、六年生に男女共学の家庭科がおかれました。そのかたちは一貫して今日まで続いています。一方、中学・高校では、職業教科の選択科目のひとつとしておかれ、これもまた制度のうえでは男女がともに選択できたのです。戦後、日本が再起をかけて歩みはじめた学校教育のなかで、家庭科が男女共学だったことは驚きです。

この戦後の改革は、アメリカを主とする占領政策のもとで進められたものですが、家庭科という教科を設置するにあたり、①家事・裁縫の合科ではない、②技能教科ではない、③女子教育ではない、という「三否定の原則」の条件が示されていました。じつに民主的で男女平等で、先進的な発想のもとで、戦後まもなく創設されたのです。

しかし、旧来的な日本の男女の役割意識という精神風土がそう簡単に変わるはずはなく、教育制度だけが先行して現実が追いついていない実態がありました。また、中・高で選択教科となっていたために、男子はおろか、女子も期待されたほどには家庭科を選択しない傾向がみえてきて、家庭科関係者たちは教科の存続に危機感をいだくようになりました。その危機感は、家庭科の女子必修化運動という動きにあらわれます。

女子教育へ逆もどり

家庭科が戦前のように女子教育に移行する動きは、一九五〇年代から始まっていました。それは日本の高度成長期と軌を同じくしています。経済の好転にともなって、産業界からの教育についての発言も強くなり、文部省は「科学技術教育の振興」を打ちだします。その流れから、中学の教育課程に「技術科」の新設が検討されることになりました。この本の冒頭に書いた「スプートニク・ショック」と「科学技術立国」が思い起こされます。

その当時、科学技術は男の仕事であり、それを支える家庭の仕事は女の領域、つまり家庭経営者＝主婦という考えが主流でした。

高度成長期は、あらゆる面で日本の社会に大きな影響を与えました。人びとは農村から都会へと移動し、都市化が加速度的に進むなか、第一次産業から第二次・第三次産業へと重心が移動する産業構造の変化をもたらします。その結果、雇用労働者（サラリーマン）家庭が増えて、職業労働が家庭の外でおこなわれる職住分離が起こります。同時に核家族化が進み、夫の長時間労働と、妻の家事労働・育児労働という性別役割分業に拍車がかかります。

一九六〇年代に入り、日本は経済大国への道を歩みはじめます。国策は、経済発展と科学技術の振興でした。それは教育政策にもあらわれ、男女の「特性」論は産業界からも強調されて、中学の「職業・家庭科」は「技術・家庭科」となり、男子向きは「技術科」、女子向きは「家庭科」と、学ぶ科目が男女で分けられるようになっていきます。さらに高校になると、女子のみが家庭科を必修で課せられるようになりました。

こうして家庭科は、女子が学ぶ教科に特化して、「料理・裁縫（家事）」を中心とする主婦教育へと、戦前の女子教育に逆もどりを始めます。「民主的家庭」をつくるはずの家庭科でしたが、「男は仕事、女は家庭」という性別分業を推進する教科へと、長らく女子教

戦後の共学「家庭科」の新設から、女子のみの「家庭科」への変遷

一九四七年
戦後の教育改革により、小学校五、六年生に男女共学で「家庭科」が設置。中学校では職業科のなかの一科目として男女が選択できるかたちで設置される

一九四八年
新制高等学校発足。高校「家庭科」は男女が選択できるかたちで、実業のなかの一科目として設置される

一九六二年
中学校で「技術・家庭科」に変更。「技術科」は男子向き、「家庭科」は女子向きとされ、事実上の男女別学になる

一九六三年
高校で普通科の女子は「家庭一般」四単位が必修になる

一九七〇年
高校ですべての女子は「家庭一般」が必修になる

育の時代が続くことになるのです。

このころの家庭科の教科書を見ると、家庭科が主婦教育を目的にしていることがはっきりと書かれています。

> 家庭内の衣食住をはじめ家事のこまごまとしたことを処理し、幼ないこどもの世話にあたるのは、主婦の仕事になっている。おそらく、どのように文明が進んでも、女性が家庭経営の主役として活動しなければならないことはかわらないであろう。男女が共同して、家庭生活の向上をはからなくてはならないことはいうまでもないが、女性が、家庭経営の適任者でない場合には、家庭の仕事が円滑に運ばないことは明らかである。
>
> （教科書『高校家庭一般』実教出版、一九七四年より）

4 家庭科の門をたたく

女子大の通信教育へ

家庭科に関心をもちはじめたころ、僕は学校で進路指導を担当していました。学校の進路室には、毎日たくさんの進路関係のパンフレットが送られてきます。必要なものとそうでないものとがごちゃ混ぜで、資源のムダかと思えるほどのおびただしい量です。

ここにも、時代が情報化社会になってきたことがあらわれているようでした。あふれる情報の洪水に流されずに自分に必要な情報をいかに取捨選択するかが、この社会で生きぬくための重要なカギになりつつある。情報を持つ者と持たざる者との情報格差の社会が生まれてくるような予感がしました。また、同じ情報でも、その人がどう活かすかで、石にも宝にも変化するものだと思いました。

進路室に無差別に送られてくるパンフレットも、ある生徒にとっては貴重な情報だったりもするので、むげにはできません。それらを整理して、生徒が見やすいようにファイルに分類して情報開示するのですが、これがひと仕事です。

そんな作業をしていたある日、ふと目にとまった大学のパンフレットがありました。そこには「いつでも、だれでも、どこでも、学べる大学……」と書いてあります。家政学部をもつ女子大の通信教育でした。

えっ、こういう大学があるんだ！　ここなら僕でも、いまからでも家庭科が学べると、たちまち期待と想像がふくらんできました。これもひとつの情報キャッチですね。いやはや恐縮なことに、生徒のための進路指導が、ちゃっかり自分のための進路指導になってしまいました。

さっそく、この女子大の門をたたきました。ところが、ダメなんです。ここは女子大で男はダメだと言うのです。そんなバカな！　そんなはずはないと思い、「だれでも」と書いてあるパンフレットを見せました。すると、正科生は無理だけど聴講生ならいいと言うのです。それにしても、いまどき、女子大の存在意義ってなんなのだろう？　と不思議に思えてなりません。本当に女だけの世界が必要なのでしょうか？

それはともかく、僕はただ家庭科を学びたいだけですから、単位や卒業資格や教員免許が必要なわけではありません。正科生にくらべたらいろいろ不利な面はあるけれど、聴講生でも十分です。でも、ちょっと悔しいじゃありませんか、性の違いだけで入学できないなんて！　女の人も、別な場面でそういう悔しい思いをしているのかなーと思ったりもしました。

このとき、僕は三十九歳。ひさびさに大学で勉強することに、新鮮さとワクワク感を覚えます。これまで学んできた分野とはまるで違う、家政学に関連した関心のあるいくつかの科目を選択しました。「家政学原論」「家族関係論」「食品学」など、科目ごとに配布されたテキストを家で勉強し、レポートを提出します。夏休みにはスクーリングで女子大に通いました。門をくぐるときには、なんだか入ってはいけないところに入ってゆくような、未知の世界に迷いこむような、ちょっと緊張しながら面はゆい気分を味わったものでした。

調理実習も経験しました。女性ばかりの班に男が一人、ここに集う多くの受講生は家庭科の教員免許を取ることを目的に来ていました。ただ学びたいという理由で入ってきた僕は、周りからは少しばかり奇異な目で見られていたような気がします。しかし、未知の分野の勉強は楽しいものでした。そこで知りあった先生との交流も生まれ、先生のご自宅に招かれたり、著書をいただいたりと、新しい世界が開かれていくような気がしました。

家庭科の男女共修をすすめる会

同僚に、男女平等の運動に熱心な先生がいました。僕は彼女に、暮らしと教育を考える雑誌を紹介され、そこが主催する講演会やパネルディスカッション、フォーラムなどのイベントに顔を出すようになりました。また、彼女に誘われて、「家庭科の男女共修をすすめる会」という市民活動の集会にも参加するようになりました。家庭科の教員のみならず、一般市民も多方面から集まっていて、家庭科の男女共修を願う人びとの熱気であふれていました（写真参照）。

「家庭科の男女共修をすすめる会」は、生活の基本を教える家庭科を、男女が同一のカリキュラムで学ぶことをめざし、一九七四年に市川房枝さんをはじめ高校教師や市民ら十三名が発起人となり発足した市民運動です。

翌一九七五年は、国連の「国際婦人年」にあたります。この年、第一回世界女性会議がメキシコシティで開かれました。世界で初めて開かれた、女性による女性のための国際会議でした。ここでは、①男女平等の促進、②社会・経済・文化の発展への女性の参加、③国際友好と協力への女性の貢献、の三つを目標に掲げ、

「家庭科の男女共修をすすめる会」東京・代々木の婦選会館にて。発言者は筆者（朝日新聞1996年4月27日付記事）

その実現のために世界的規模の行動をおこなうことが提唱されました。これをきっかけに、女性解放運動あるいは男女平等の動きが世界各地に広がり、活発になっていきます。

また、つづく十年を、国際婦人年の目標達成のための「国連婦人の十年」とすることが国連で決められました。このなかで、一九七九年には女子差別撤廃条約（正式名称は「女子に対するあらゆる形態の差別の撤廃に関する条約」）が国連で採択されます。そして、「国連婦人の十年」の中間年にあたる一九八〇年、コペンハーゲン（デンマーク）で第二回世界女性会議が開かれました。ここで日本政府は「女子差別撤廃条約」に署名しました。

この条約を批准するには、国内法がその条約に沿ったものになるよう法整備をすることが必要となります。そこで、まず「国籍法」が改正され、続いて「男女雇用機会均等法」が新たに成立しました。批准とは、その条約を国が受け入れ認めることで、具体的には国会で承認するということです。

「国籍法」の改正では、それまでの「父系優先血統主義」から「父母両系血統主義」に改められました。「父系優先血統主義」では、国際結婚で生まれた子どもに対して、父親が日本人の場合にかぎり日本国籍が認められていたのですが、父母どちらか一方が日本籍ならば日本国籍が得られるように改正されました。

「男女雇用機会均等法」では、性別を理由とする雇用の分野での差別の禁止が盛りこまれました。募集や採用、配置、昇進、降格、雇用形態、職種、退職、解雇等における性による差別を禁止した法律です。たとえば、採用において女子何名、男子何名とか、女性向き、男性歓迎など、性による制限を禁止し、職種による性の固定化もなくしました。さらに、結婚・妊娠・出産によって女性の就業に不利益が生じないように、雇い主側に義務づけする内容になっています。

こうした一連の流れをつくりだした背景には、国内外での女性解放運動（ウーマン・リブ）や男女平等運動の盛り上がりという時代の潮流がありました。そして日本国内では、前述の「家庭科の男女共修をすすめる会」をはじめ「行動を起こす女たちの会」（正式名称は「国際婦人年をきっかけとして行

国際婦人年から家庭科の男女共修までの関連年表

一九七四年	「家庭科の男女共修をすすめる会」発足
一九七五年	国連の「国際婦人年」
一九七六年～	「国連婦人の十年」
一九七九年	「女子差別撤廃条約」が国連で採択
一九八〇年	第二回世界女性会議にて日本政府は同条約に署名。「国籍法」の改正や「男女雇用機会均等法」などの国内の条件整備が進められる
一九八四年	「国籍法」の改正。父系優先血統主義から父母両系血統主義へ
一九八五年	「男女雇用機会均等法」成立 「女子差別撤廃条約」を日本政府が批准
一九八九年	学習指導要領の改訂。中学・高校で「家庭科」の男女共修が盛りこまれた
一九九三年	中学校「技術・家庭」が男女共修に
一九九四年	高校「家庭科」が男女共修に

動を起こす女たちの会」）など、活発な市民運動が展開されてきたことが挙げられます。

こうしたなかで、教育のなかの男女不平等として、女子のみの家庭科が国の内外から問題視され、家庭科の男女共修の実施が迫られるようになっていきました。こうした動きはマスコミにもとりあげられるようになり、「教育に男女の差別があってはならない」「男子も生活について学ぶ必要がある」という主張は、少しずつ世論に浸透していきます。ついに、一九八九年、文科省の学習指導要領が改訂されて、中学校の「技術・家庭」と高校の「家庭科」の男女共修が決定する運びになったのです（前ページの表参照）。

教科書づくりに参加して

共修の実施は、中学校では公示の四年後の一九九三年から、高校では五年後の一九九四年からになりました。この間に、教科書の編集、実習室など施設設備の整備、家庭科の教員の充当など、共修に向けた準備がなされることになります。

そんなころ、教科書の出版会社から僕に声がかかりました。数年後に実施される、高校家庭科の男女共修用の教科書づくりを手伝ってほしいというものです。男性の視点で、理科という立場で、新しい家庭科の教科書を家庭科の先生たちと一緒に考えてほしいという依頼でした。

もちろん、僕には断る理由はありません。

編集会議にも参加させてもらい、ここで家庭科の先生たちとの出会いや交流も生まれました。出版社から送られてきたこれまでの女子のみの家庭科の教科書を見ると、面白い分野だと思っていた家庭科が、どうも古くさく、つまらなく見えてたまりません。教科書を読むほどに、料理・裁縫、女子教育、良妻賢母というイメージが連想されます。これまでの家庭科が、いかに時代遅れになっていたか、そんな印象を強くもちました。

新しい、男女共修用の教科書はどんなものになるのだろうか？ これまで保守的なイメージしかなかった家庭科が、男女がともに学ぶ、時代の先端を切り拓くトップランナーに躍りでる。そんな期待感がふくらみ、この仕事にかかわれたことを素直に喜びました。

出版社からは教科書とは別に、たいてい副読本が出されています。資料集とか図解集とかよばれるもので、教科書の内容をわかりやすく伝えるために、図表やグラフや写真などを多く盛りこんだ冊子です。こちらは教科書とは違って、学習指導要領の拘束や文科省検定を受けることもないので、教科書の流れに沿って自由に編纂《へんさん》することができます。その副読本を見せてもらったところ、教科書の古めかしい内容にくらべ、副読本の中身の先進性には目をみはるものがありました。

世界の衣食住はもちろんのこと、公害や環境問題、食の安全性、農薬、食品添加物、原発、エネルギー、高齢者問題、少子化、晩婚、障害者問題などなどが、テーマ別にあつかわれています。いまという時代を的確にとらえ、われわれが今日直面している問題をとりあげていて、僕がやりたいと思っていた生活科学の内容、ジェンダーの問題、生活技術や生活文化が盛りこまれていたのです。こんな魅力のある教科はないと、このとき確信しました。

男女共修に議論噴出！

それまで主要五教科（国語・社会・数学・理科・英語）に対する周辺教科としてあつかわれ、受験に無関係な教科として軽んじられ、あまり取り沙汰されることもなかった家庭科ですが、このときばかりは世間から注目され、家庭科の周辺はがぜん、にぎやかになってきました。

学校現場では賛否両論が噴出。古い考えの家庭科の先生は「男子に包丁やハサミを持たせたら何をしでかすかわからない」「真面目にやりたい女子が迷惑する」「家庭教育を受けていない男子と、女子とではレベルが違いすぎる。教える内容のレベルが下がる」などと戦々恐々で、反対の声をあげます。

そんなに男は凶暴か！　不真面目か！　と思いますよね。だったら劇薬をあつかう化学の実験なんか男子にはさせられないとも思うのですが、「これまでなんの支障もなくやってこられたのですから、どうぞご安心を」と言いたいところです。いままで女子だけを教えてきた先生からすると、きっと男子を教えることに不安を覚えるのだと思います。

一方、男女共修賛成派は、待ちに待った共修の実現に、「新しい家庭科の時代と男女平等社会がやってくる」「これまでやりたかった男女一緒の授業がやっとできる」「家庭科が男女平等推進に役立てる」と期待を寄せ、元気いっぱいです。すでに共修まえから、京都や長野など一部の都道府県では、男女で学ぶ家庭科を先駆的にとりいれて実践を積み重ねていた教師たちもいました。そこでは、男女ともにいきいきと授業を受けている生徒たちのようすが報告され、共修の成果が実証されていました。

世論も賛否両論あり、反対派は「なんで男子にまで家庭科を学ばせるのか?」「受験に関係ない教科なのに」「ボタン付けができないよりできたほうがいいかもしれないが、その程度のことをなにも高校でやらなくとも」と、消極的です。対する推進派は、「これからは男女ともに家事・育児をする時代、家庭科は男女とも必要な教科」「人間としての自立に大切」「生活技術や生活文化の継承を男女ともに」「生きてゆく力を育てるのに必要」と、共修に熱い視線を送ります。

四十四歳の女子大生

高校家庭科の男女共修実施の前年、僕が勤務する埼玉県では、「家庭科教員養成事業」が実施されました。他教科から家庭科へ転科を希望する教員を募集し、ついては一年間女子大に通い、家庭科の教員免許取得に必要な授業単位を取って、翌年から家庭科の先生として教壇に立つというものでした。

家庭科が共修になるにあたって当面の問題は、施設設備の整備と家庭科教師の確保でした。単純に考えても、男子も学ぶわけですから学ぶ生徒が倍に増えます。道具や設備をそろえ、男子校のように調理室も被服室もないところには新設する必要がありました。各自治体で予算を充当し、準備を進めます。しかし、教師不足が悩ましい問題でした。

多くの自治体では、非常勤の先生をあてることで急場をしのぎます。都市部の学校数の多い東京・埼玉・愛知では、この「家庭科教員養成事業」をおこない、教員補充の計画が立てられました。とくに埼玉がもっとも規模が大きく、二期・二か年にわたって募集がおこなわれ、あわせて五十五名が他教科から家庭科教師に転科しました。このなかには男性教員も含まれ、埼玉では三十名の男性家庭科教師が一挙に生まれることになったのです。

ただ、これには「家庭科教師の促成栽培」との、家庭科関係の先生たちからの批判もありました。たった一年の研修で、家庭科の教員免許を取らせて教壇に立たせるなんて、家庭科を軽んじすぎている、という反発です。もっともな話ではありますが、女の園だった家庭科の世界に男性教師が入りこみ、また、他教科からの新しい風も吹きこみ、家庭科を風通しよくした効果はあったように思います。狭く閉じた家庭科に広がりと活気をもたらす期待がありました。

昔、うなぎ屋さんの店先に、うなぎを生かしておく樽がよく置いてありました。しばらく真水につけておいて、泥を吐かせて臭みをとるのです。いまでいうところの「いけす」です。そこに、不思議なことに、いつもドジョウが一緒に入っていた光景を思い出します。

樽の底で静かにうごめいているうなぎのかたわらで、チョロチョロとせわしなく上下に動きまわるドジョウが共存していました。あるとき、このドジョウの動きで水に酸素が供給され、うなぎが元気でいられることを聞きました。「なるほど、これだ！」と思いました。異分子が水をかきまわすことによって、べつな空気が入り、その世界が元気になる。さしずめ僕は、家庭科という樽のなかのドジョウのような存在でありたい（？）と、このとき思いました。

そこで、僕はこの制度に名乗りをあげました。新しい世界に入っていけるチャンスです。化学のように受験に左右されたりしないで、家庭科だからこそやれる授業ができると期待したからです。

応募の結果、合格し、次年度の一年間は高校の授業を免除され、女子大に通うことになりました。このとき、僕は四十四歳。周囲からは「女子大生と一緒に勉強するのか！」とうらやましがられたり、揶揄《やゆ》されたりしましたが、実態は、大学のなかに特別教室をあてがわれ、一般の女子大生からはいわば完全隔離の状態で、特別カリキュラムが用意され、授業がおこなわれたのです。もちろん調理実習や被服実習もあり、浴衣を縫い、ベストもワイシャツも縫い、家庭科教師に必要な単位を修得しました。たったの一年間でしたが、授業は朝から夕方まで空き時間なくびっしり詰まり、かなりハードな内容でした。

第3章

家庭科の教師になる

人と衣と食と世界

1 家庭科デビュー

代わりの先生がきた？

一九九五年、女子大の一年間はあっというまに過ぎ、三月には修了式を迎えていました。

今年もまた白いこぶしの花が咲きはじめています。芽吹きの春です。新年度を間近に控えたころ咲くこの花は、入学、就職、転職と、僕が新しい世界に出立する門出にいつも顔をのぞかせてくれます。

いままた新たな未知の世界の入り口に立ち、これから家庭科というカンバスにどんな物語が描かれてゆくのか、ワクワク、ドキドキ、新入生や新任教師のような心持ちです。

四月、新年度から新しい高校に異動となり、家庭科教師として教壇に立つことになりました。何年教師をやっていても、年度はじめの授業はいつもドキドキします。ましてや今年は家庭科デビューの年、男性家庭科教師としてのプレッシャーもあり、〝促成栽培〟と言われぬよう身のひきしまる思いです。

生徒のほうも、新しいクラスでまだ友だち関係ができていませんから、教室中に緊張の糸が張っています。どんな生徒に出会えるのか？　どんな先生に教わるのか？　おたがいにそれぞれの探りあいです。

始業のチャイムが鳴りました。さあ、いよいよ家庭科の初授業です。心を落ちつけて、教科書と授業ノートと出席簿を小脇に抱えて教室に向かいます。廊下を歩いていくと、男子生徒の何人かが、教室の廊下側の窓から顔を突きだして、きょろきょろとのぞいていました。どんな先生が来るのか、興味津々なのです。でも、僕の顔を見ても、まるで関心がなさそうです。そのクラスの授業は家庭科だからです。

僕が教室の戸を開けると、

「おっ、いきなり自習かよ？」

と、のぞいていた生徒が声をあげました。それを聞き流しながら戸を閉じ、静かに三、四歩進んで教壇に上がります。そして教卓の前に立ち、呼吸を整えておもむろに出席簿を開きます。

すると、最前列の女子生徒が、

「先生、今日、自習？」

とささやくように聞いてきました。

「違うよ、授業だよ。僕が家庭科の先生だよ」
と答えると、教室中に小さなどよめきが伝わっていきました。たがいに顔を見あわせて、けげんそうな表情の生徒もいます。しかしそれは最初だけ、驚きの顔がやがて、にこやかな親しみのある表情に変わっていきました。いったいどんな先生なの？　という好奇心が、彼らの顔いっぱいに見てとれます。

「お父さん、左遷なの？」

前年から、高校では家庭科が男女共修で実施されていました。生徒のほうは、とくに違和感もなく、混乱もなく、ごくあたりまえに共修の家庭科を受け入れていました。変な拒絶反応を示していたのは大人たちだけでした。むしろ生徒たちは、調理実習など男女一緒にできる家庭科の授業を楽しんでいるようでした。一方、男女共修になったとはいえ、男の家庭科の先生はまだまだ珍獣です。生徒たちは、男の僕が教室に入ってきたものだから、てっきり家庭科の先生は休みだと思ったのですね。

一年前に女子大で研修が始まったばかりのころ、ＮＨＫが取材に来ました。テレビに映っていたのは、男性陣が調理実習をしているようすばかりでした。インタビューを受けたのも男性ばかり、女性陣からは疑問の声があがっていました。注目されるのはありがたいと思う一方で、もの珍しさばかりがクローズアップされるのはどうかと、複雑な気持ちになります。男で家庭科の教師というのが、もっと普通にならなければと思うのです。

さて、最初の授業は、自己紹介からです。なぜ、家庭科教師になったのか、生徒の好奇心に応えなければなりません。はじめは化学の教師だったこと、現代科学に疑問をもったこと、生活科学に目覚めたこと、共稼ぎで家事・育児に苦戦したこと、そして女子大で勉強してきたことを話しました。

すると、後ろのほうの女子生徒から「先生、カッコいい！」と声がかかりました。思いがけない反応に、うれしさと安堵で胸をなでおろし、これで一気に緊張の糸がほぐれました。じつは、このときまで、ある心配ごとをかかえていたのです。

数日前、高一になる息子が僕にこんなことを言ってきました。

「お父さん、本当に家庭科の先生になるの？」

「そうだよ。どうしてそんなこと聞くの？」

息子は言いにくそうに、でも真顔で言います。

「お父さん！　それって、左遷なの？」

「えっ!!」

あまりにも唐突だったので、目が点になってしまいました。でも、濡れぎぬは晴らさなければなりません。

「そんなことはないよ。自分がなりたくてなったんだよ。自分の意志でね」

しかし、ヤツは「ホントかなー?」と、なお半信半疑です。

この息子の発想にはビックリです。なぜ、そう考えたのでしょうか。家庭科は女の先生がやるものだから? 家庭科は化学より一段低い科目とでも思ったのでしょうか。

僕が家庭科の教師になったとき、当時七十歳を過ぎた母親が
「おまえが家庭科の先生になるとは、思ってもみなかったわ……」

とつぶやいていたことを思い出しました。それは、否定するでもなく、肯定するでもなく、自分の価値観にないことを息子が選択したことへのとまどいのようでした。

それが数年たったとき、

「おまえが家庭科の先生になって、本当によかったわ!」

に変わっていました。どうしてそう変わったのか、いまではもう確かめようもありませんが、受け入れてくれたことにホッと胸をなでおろした覚えがありました。

一人暮らしの母親が元気だったころ、実家に帰るたびに、母は料理を作っておふくろの味を

食べさせてくれました。少し歳を重ねると、僕と二人で台所に立つようになりました。やがて老いてくると、僕が母親に料理を作るようになりました。すると、

「今日は何を食べさせてくれるんだい？」

と、うれしそうに聞いてくるようになりました。いつのまにか、母は僕が実家に帰ってくるのを心待ちするようになっていました。

「先生、調理実習まだ？」

家庭科は男女共修へと大変革をとげました。しかし、これまでの家庭科をただひき継ぐだけであれば、家庭科は時代にあわなくなるだろうと感じていました。女子のみの家庭科時代、家庭科は国家や社会に対して従順でした。それは、昔、良妻賢母を求められていた時代の、男社会から一歩下がって歩く女性のあり方を体現しているかのようでした。しかし、それが男子も学ぶ教科になった。共修家庭科は、男女共同参画時代のトップランナーに変身したのです。

それには、料理・裁縫をこえた家庭科が必要だと思いました。家庭科を通じて、生徒自身がいまの時代を知り、受け継がれてきた生活文化を学び、これからの社会や自分自身の生き方を考えるような、そういう教科にしたいと思いました。自分が生まれ育った家族を考え、これか

ら自分が創りだす家族のイメージをつくったり、あるいは、これからの自分の暮らしを構想し、そのための生活技術を身につけたりする、また、自立ということを意識し、生きる力とは何かを考える、そういう家庭科を目標にしたいと思いました。

気合は十分、念入りに授業準備をし、資料も用意し、自分がめざす新しい家庭科を実践しようと力が入ります。

何回かの授業が進んで、生徒のほうも緊張がゆるんできたころ、生徒たちのようすがどうも変なことに気づきました。あの、キラキラと好奇心に満ちた目が、どんよりとした虚ろな目に変わっているのです。教室はシーンと静まりかえって、僕の話がうわすべりしている感じがしてなりません。気がつくと、なにやら聞こえてきました。生徒の寝息とため息でした！

授業が終わると、生徒が寄ってきて言います。

「先生、調理実習まだ？　早くやろうよ。これじゃ、普通の教科と同じだよ！」

生徒にとっては、家庭科はまぎれもなく料理・裁縫の時間だったのです。そして、息苦しい授業と授業の合間の息ぬきの時間。「あんまり難しい話はかんべんしてよ、受験に関係ない教科だよ。もっと楽しくやろうよ」と言わんばかりです。僕は自分の思い入ればかりが先行して、それを押しつけて、生徒の実態をつかんでいませんでした。

いくら教師がりきんでも、学ぶ生徒に響いていかなくては意味がありません。少しばかり作戦変更です。大切なことは目のまえの生徒に寄り添うことだと思い知らされました。力技の直球勝負ではなく、変幻自在の変化球!……で行こうと方向転換です。

生徒が期待する実習をとりいれて、そのなかに自分の伝えたいことをそっと忍ばせる、あせらず急がず、少し控えめにすることにしました。

すると、体を動かす実習では、生徒がみるみるいきいきしはじめるではありませんか。そして、実習を通じて生徒とコミュニケーションがとれるようになると、教室での授業もやりやすくなってくるのです。実習は教師からの一方通行ではない、双方向の授業になりやすい。ここで、実習の効用をあらためて評価しなおすことになりました。

生活体験と五感の回復

いまの生徒たちは、日々あふれんばかりの情報にさらされている一方で、生活体験が圧倒的に不足していることを感じます。

たとえば――。お茶は急須でなくティーバッグで入れるものと言うならまだしも、お金を自動販売機に投入してペットボトルで買うものと思っている生徒が増えています。みそ汁やスープも、カップにお湯を注ぐだけとか、インスタントで飲むもので、ダシをとるという発想がなくなってきました。というよりは、みそ汁を飲む習慣そのものが家庭から失われつつあるのです。ご飯は炊くものではなく、パックごはんを電子レンジでチンします。鉛筆をナイフで削るなどというのは前時代的な行為で、手動・電動の削り器さえ消え去り、そもそも鉛筆を使うことがなくなりました。替え芯ですむシャープペンシルや消せるボールペンなのです。

なんでも手軽に便利になりましたが、自分が手をかけて味わったり、使いやすく工夫したりする余地がなくなり、企業の商品開発チームが練りに練って工夫したものをお金と引き換えに得るだけになっています。

それでいいのか、と憂えたりするのですが、なぜそれがいけないの？　と問われると、窮するところがあります。しかし、気になるところは、お茶の葉が見えなくなり、昆布や煮干しやかつお節の存在が消え、お米を研ぐことを知らず、米の形状や稲もわからなくなり、鉛筆の木の質感に触れることがなくなる、といった、自然との乖離《かいり》です。そして、自然との対話から得られる五感が鈍くなることとです。

なんでも買ってすませてしまうと、他人まかせ・お金まかせになって、生活の主体性や実感が薄れてくるような気がします。人間と自然とのつながりや、生きる営みが希薄になって、バーチャルな世界やＣＭなどの情報に日々流されてしまうような気がするのです。

食材を調理し、布から衣服を作ったり、住まいを工夫したり、道具を作ったり、そういう自然のものとの直接の触れあいが少なくなっている今日、命の重さが軽くなってしまったり、モノが大切にされなくなったり、生きる実感が希薄になってきたりしている——と思うのは飛躍しすぎでしょうか。

だからこそ家庭科の実習が活きてくるように思います。体を動かしながら学ぶことに、生徒たちは飢えていました。実習では、教室で座って学ぶ窮屈さからの解放感を味わっていました。実際にモノに触れ、感触を確かめ、五感で感じることの大切さを教えたいと思うようになりました。化学の教師時代のタラの若葉採りの授業を思い出します。

実習に効用あり

実習は、生徒と同じ目線の高さで、おしゃべりしながら授業ができるのがよいところです。なにげない会話のなかで、生徒の飾らない本音を聞きながら、ときにそっと、こちらの言いたいことを生徒に伝えます。

「先生！　私、料理が下手だからお嫁に行けない。どうしよう？」

「料理はね、こういうのが食べたいな、って思うことが大事なんだよ。つぎにね、どうやって作るんだろうって想像するんだ。で、やってみるんだよ。ネットで調べると作り方がたくさん載っているよ。そのなかで、自分にあってそうなのを選んで作ってみるんだ。〝習うより慣れろ〟って言うでしょ。場数を踏めばだれだって上手になるもんさ。そして、一品でも二品でも、〝これだけは〟という自分の得意料理をもつのがいいね」

「でもね、それよりも、料理の好きな男子をゲットするんだよ。で、一緒に台所に立ったり、自分が下手だったら彼に教わりながら作るっていうのがいいと思うんだ。それで、彼が作ったら、おいしい！ってほめるんだよ。彼はがんばってもっともっと料理を作ってくれると思うよ。女だから料理ができなくちゃ結婚できない、なんて考えることはないんだよ」

慣れてくると、授業と関係のない会話も飛び交います。でもそこに珠玉のなにかが転がっていたりもするのです。それは、生徒と気持ちの通いあう瞬間です。

実習は、生徒となかよくできることが一番です。生徒との距離がひじょうに近くなり、授業が楽しくなってきます。

2 糸つむぎの授業

「またエプロン作り？」

　さて、高校一年の被服実習は何をやろうかと考えました。

　同僚の先生に去年のことを聞いてみると、エプロンを作ったといいます。一年生でエプロンを作って、二年生では、そのエプロンをつけて調理実習をするという段取りです。できたエプロンは学校で預かっておき、翌年それを生徒に配って使えば、なくしたり忘れたりすることなく完璧な準備ができるという具合です。

　なるほど、合理的です。でも、生徒に聞いてみると、

「小学校でエプロン作って、中学校でも作って、高校で三つめだよ、先生。こんなに作ってどうするの？」と言われてしまいました。それから、

「あんな下手クソなの、着たかねぇよ！」って吐き捨てるように言う子もいます。出来の悪か

ったエプロンを身につけるのは、さらしものになるようでイヤだというのです。

そこで考えました。この時代、ミシンの使い方や縫い物の技術を教える意味はどれほどあるのだろうか？ と。もちろん、手作りの服や小物などが作れるようになれば、世界でただひとつの自分だけの作品ができるわけですから、作る喜びや使う喜びが得られます。また、そこには生活文化を受け継ぎ、生活技術を学ぶという意味も加わってきます。その教育的意義を疑うものではありませんが、いまや、ミシンや裁縫箱のない家、もしくは、あってもそれが使われないで押し入れの片隅で眠っている家が多いのが実情です。たった数時間の被服実習で裁縫技術がどれだけ身につくのだろうか？ と思ってしまうのです。逆に、浴衣制作だけで半年分の家庭科の授業が終わった、などという話も聞いていました。

さて、すでにお気づきかもしれませんが、ここで僕は、ある矛盾（というかジレンマ？）を抱えています。それはこういうことです。まえに、なんでもお金で買えてしまうこの時代、生徒の生活体験が圧倒的に不足する現状で、家庭科の実習がいきいきと輝いている、というような意味のことを言いました。またその一方では、「料理・裁縫」という伝統的な家庭科のイメージのままでいいのか？ または、たんに技術習得の教科でいいのか？ 生徒となかよく楽しく「料理・裁縫」がやれていればそれでいいのだろうか？ という疑問を投げかけています。実習が貴重な体験の場となっていると評価する一方で、「料理・裁縫」ではない家庭科を、というジレンマです。

そこで、実習は生かしつつも、たんなるスキル教育ではなく、実習から見えてくるもの、考えさせるものが広がる題材を探しはじめました。

〝人と衣のつきあい〟を考える

僕は、思いきり裁縫から離れて、糸つむぎをやろうと思いました。

人はどうして衣を身につけるようになったのか？　人が服を着る意味は何なのか？　衣服の材料には何が使われてきたのか？　布はどのように作られてきたのだろうか？　それをどんなふうに着こなしてきたのか？　それらを授業でやってから、糸つむぎの実習に入ります。つまり、「人と衣服と自然との関係」とか「人と衣のつきあい」を考えてもらうというのが授業のねらいです。

まずは、太めの糸かタコ糸を短く切ったものを生徒に配ります。それをほぐしてもらいます。すると、一本の糸が二、三本に分解できます。さらにその一本一本をほぐしていくと、最後には、とてもかぼそい、吹けば飛ぶような繊維に行きつきます。

糸を作るには、その逆の工程をたどればいいのです。繊維に〝より（ねじり）〟をかけると、繊維と繊維のあいだに摩擦力が働き、丈夫な細い糸ができます。その細い糸を数本束ねてまた〝より〟をかけると、さらに丈夫な糸ができるのです。

昔の人の、この〝より（縒り）〟をかけるという発見はすごいと思います。綱引きで使う綱は、もとはやはり繊維です。それを何本も束ねて〝より〟をかけて、丈夫な綱になっています。何人もの人で引きあっても切れるものではありません。車も通れるような頑丈な吊り橋だって、細いワイヤを集めて幾重にも〝より〟をかけて、あんなに丈夫になっているのです。小さな摩擦力がたくさん集まって、みなが協力して大きな力になっている。人間社会にも当てはまりそうですね。

「腕に〝より〟をかけて料理を作る」とも言います。それもこの〝より〟からきているようです。腕前を存分に発揮して、手間ひまかけて料理をするといった意味です。それから、「元カレと〝より〟をもどす」なんて言い方もあります。一度離れてしまったものをもとの密着状態にする、つまり関係が復活するという意味で、やはり糸の〝より〟からきています。

さて、つぎは、布の切れ端を生徒一人ひとりに配ります。それをまた分解してもらいます。するとし、縦糸と横糸が交互にバラバラになる布と、一本の糸がスルスルスルッとほつれて分解してゆく布の、二種類があることがわかります。前者が織物で、後者が編み物です。これで、繊維から糸ができて、その糸を織るか編むかすると、布になることがわかります。このほかにも、フェルトとか不織布とか、成り立ちの違う布がありますから、興味のある人は調べてみてください。

原毛を準備する

さて、いよいよ、つむぎの実習です。まずは原毛を用意します。本当は、羊の毛の刈りとりからやれるのが理想ですが、なかなかそうもいかないので、ここは省いて話だけにします。YouTubeなどを利用して、羊の毛の刈りとりの映像を見るという手もありますね。

刈りとったばかりの原毛には、羊脂（ラノリン）や汚れがついています。これをぬるま湯で、モノゲン（原毛用洗剤）やアルカリ性洗剤を入れて洗い、脂と汚れをとりのぞきます。

このラノリンは肌の保湿・柔軟効果が昔から知られており、化粧品にも使われています。また、寒い地方では、ラノリンの保温性や防水性を生かし、羊脂がついたままで編みこんでセーターにしたりもするそうです。

羊毛のかわりに綿を使うのもありだと思います。綿で実習をするなら、種をまいて、綿花を育てて、収穫して使うことができます。昔から人間が自然界から繊維を見つけだし、それを糸にして衣服に利用してきた行程が見えてきます。自然のなかで生きてきた人間の工夫や知恵が見えて、いい教材になります。綿の場合には、原料の繊維を洗う必要がなく、すぐに使えるので面倒な手間が省けるのですが、栽培に時間がかかるのと、繊維が短いので熟練しないとつむぎにくいという欠点があります。なので、生徒のあつかいやすさを考えて、羊毛を使うことにしました。

原毛をつむいで糸にする

原毛が用意できたら、いよいよ繊維に〝より〟をかけて糸にします。この工程を〝紡《つむ》ぐ〟といいます。繊維と繊維をじっくり手間ひまかけて〝より〟でつないでいくことです。この言葉は「言葉をつむぐ」「夢をつむぐ」「時代をつむぐ」「時間をつむぐ」などいろいろな使われ方をしますね。「愛をつむぐ」「幸せをつむぐ」というのはどうでしょうね？　人はゆっくり時間をかけて作ってゆく行為を大切にしているのだと思います。

つむぎに必要な道具は、ハンドカーダーとスピンドルです。

ハンドカーダーは、木の板にたくさんの細い短い針が上向きに並んでいる道具です（写真参照）。なければ木のクシで代用できます。まずは、少量の原毛をハンドカーダーにとり、カードをかけます（繊維を一方向に引きそろえる作業のことです。クシですくようにすればいいのです）。

この作業で、繊維がからみやすくなり、つむぎやすくなります。

スピンドルは紡錘車《ぼうすいしゃ》ともいい、コマのような形をしています。これは、菜箸と家具用キャスターで代用できます。そうすれば安価ですし、生徒全員がひとつずつ使えます。

カードをかけた原毛をスピンドルの先端にかけ、スピンドルを指で回転させます。コマの回転を利用し、原毛に〝より〟をかけ、つむいでいきます。ある程度の長さまでつむいだら、つむいだ糸をコマのおもりの上部に巻きつけていきます。これをくり返すと、長い糸ができてく

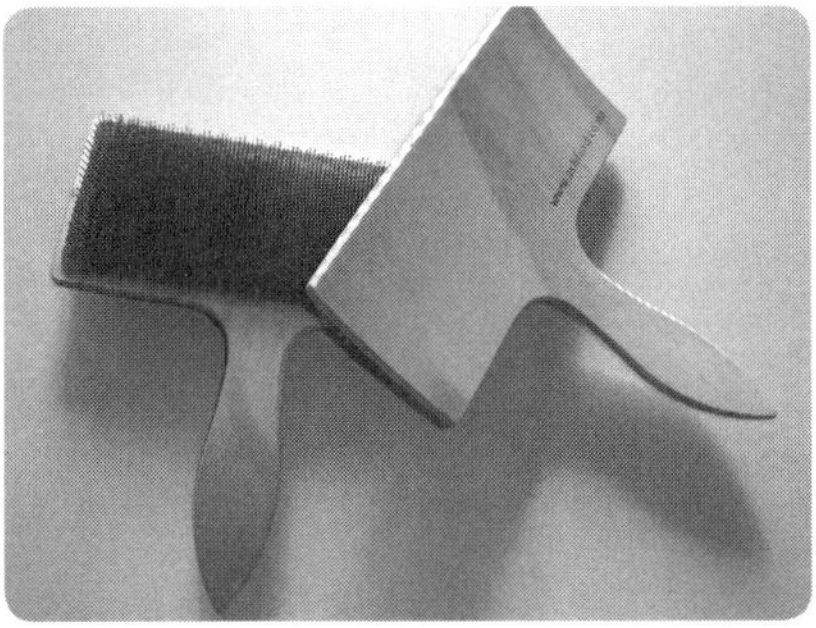

ハンドカーダー

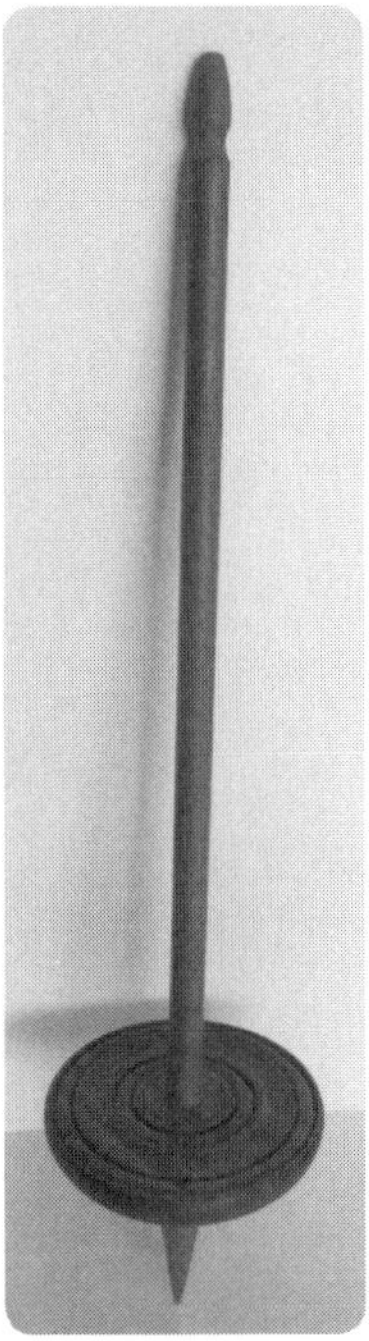

スピンドル

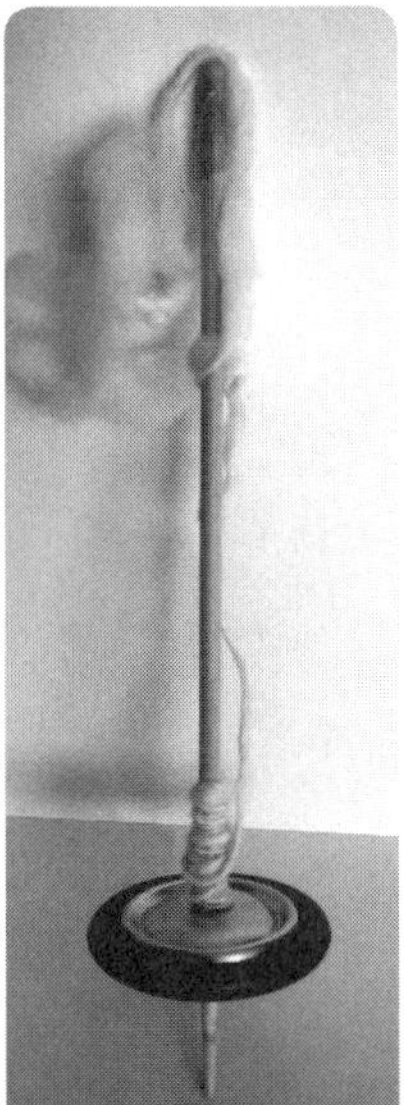

簡易スピンドル
金物屋で入手できる家具用キャスター（車輪状のもの）と菜箸で代用できます（写真の車輪はハンマーキャスター社の製品）

るのです。糸をつむぎ終えたら、これを蒸し器にかけて蒸気をあてます。こうすることで〝より〟が固定され、〝より〟がもどるのを防ぎます。

この糸つむぎ、すぐにコツをつかんで上手にできる子と、いくらやってもうまくできない子がいます。なかには、「もー、こんなのやめたー！」と言って放りだしてしまう生徒も出てきたりします。そんなときには、なだめすかし、あっ、いやいや、励まし励まし、ていねいにコツを教えます。それでもできない子は、スピンドルはあきらめて、手のひらを使って原毛を机の上で転がしたり、ひざの上で転がしたりして、羊毛の繊維に〝より〟をかけて糸にしていきます。

とにかく、不細工になっても繊維に〝より〟さえかければ、糸はできるのです。どんなに不器用でも、下手でも、それなりになんとかなるのがこの授業のよさです。

こんなことやって、いったい何の役に立つの、ですって？　そりゃあ実生活にはほとんど役にたちません。でも、羊の毛の風合いや糸の感触が伝わってくれれば、それでいいと思っています。糸ができあがる向こうに見えてくる人と羊（家畜）との関係、自然との関係、そして、私たちの先人がやってきた生活文化や工夫と知恵に触れることができればいいかなーと思うのです。

この授業、糸づくりが上手か下手かは問題ではありません。むしろ、糸が太くなったり細くなったりしているほうが、手つむぎの味わいが出て〝いい〟という見方だってあります。それにしてもこの糸つむぎ、それぞれの個性があらわれてくるのでじつに面白いのです。太い糸をつくる子、繊細な細い糸をつくる子、太かったり細かったり、定まらない子、どの糸にもその子の性格や特徴が出てきます。

糸を染める

糸ができたら、つぎは糸を染めてみましょう。

染色には化学染料で染めるのと、自然のものを使う草木染めとがあります。化学染料は色合いが鮮やかで染めが容易、色落ちもしにくいのですが、ここでは草木染めをします。なんといっても、自然の色は優しくて、気持ちのいいものですから。

藍《あい》、あかね、紅花《べにばな》、エンジュ、すおう、きはだ……、いろいろなものが材料になります。身近なところでは、玉ねぎの皮でもいいし、コーヒーのダシ殻でもいい、紅茶でも、

藍の生葉染め

ナスの皮でも染まります。雑草のカラスノエンドウやクズ、ヨモギなどを集めてきてもオーケー。コチニールという貝殻虫の一種は、鮮やかな赤色に染まります。昔から、赤を染めたいときに利用されてきた素材です。

しかし、ここで少々問題が起こります。絹や羊毛のような動物繊維は比較的染めやすいのですが、綿や麻などの植物繊維は染まりにくいのです。動物繊維がタンパク質でできているのに対して、植物繊維はセルロースからなるという違いによります。だから、綿を染める場合には、染めやすくするために呉汁や牛乳などで下処理する必要があります。呉汁や牛乳に含まれるたんぱく質が、天然の色素をとりこみやすくするのです。

ここでは色がわからなくて残念ですが、藍で美しい空色に染まっています。草木染めなら、カラスノエンドウで黄緑に、ヨモギで若草色に染めることができます（アルミ媒染）

たかが糸を染めるだけですが、なかなか単純なものではありません。そして、ここには科学がいっぱい詰まっています。

このあと、もうひと工夫が必要になります。媒染《ばいせん》という工程、つまり色止めです。媒染剤には、植物の灰とかミョウバンや木酢酸鉄《もくさくさんてつ》などが使われます。

煮だした染液に糸をしばらく浸けたあと、媒染剤を溶かした液に浸けこみます。すると、もとの染液の色とはまた違った色合いに変化し、糸の繊維と色素が強く結合するようになります。こうすることで色落ちを防ぐのです。これは、灰やミョウバンに含まれるアルミニウム（Al^{3+}）、木酢酸鉄にある鉄（Fe^{3+}）などの金属イオンが色素の分子と結合して、色が変化したり、水に不溶性となって繊維に定着するからです。媒染剤にどんな金属イオンが含まれるかで、また色の出具合が変わってきて面白いのです。

染めた糸を編む、織る

染めが終わると、いよいよ、つむいだ糸を布にする工程に入ります。おおざっぱに言うと、方法は二つあります。〝編む〟か〝織る〟かです。

編むのは、一本の糸からループ（輪）を作り、これをからめるように編み上げて布にしていきます。編み棒などの道具を使いますが、指だけでも編むことがで

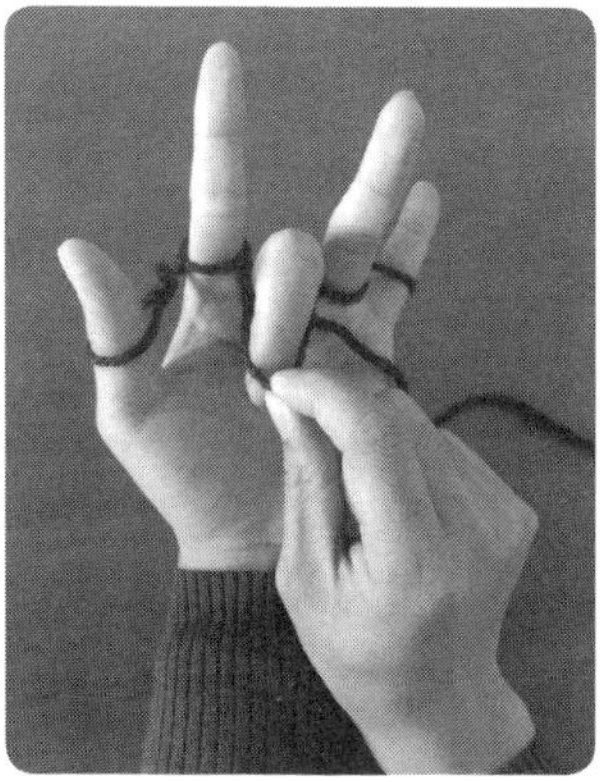

指編み

きます。ネットなどで調べて試してみてください。

織る場合は、縦糸と横糸の二種類が必要になります。織機なしでも、こんなふうにやれます。

まず、厚紙の台紙にタコ糸で縦糸を等間隔に張ります（台紙に定規で印をつけ、はさみで切りこみを入れると、糸が張りやすくなります。方眼厚紙を使うと簡単です。左ページの写真①）。

そこに横糸を、縦糸の上下上下とくぐらせながら一段ずつ増やしていけば、布を織ることができます（写真②）。手作りのコースターなどはどうでしょうか（写真③）。

いずれも昔から伝わる技法ですね。ここにも先人の知恵と工夫が見えてきます。やりやすくなるように道具が作られ、その道具を使いこなすように技が生まれ、さらにその道具に改良が加えられ、またその改良にあった技が生まれます。

現代の手織機（唐桟双子織《とうざんふたこ》の会、入間市）

古代エジプトで描かれた織りのようす

織るのも編むのも、ある基本パターンがあって、それをくり返してゆく作業です。おしゃべりしながら作業をする生徒もいます。黙々と、無言で織ってゆく子もいます。実習中に生徒を観察していると、生徒の人間関係も見えてきます。

つむいだ糸で織物を織ってみよう

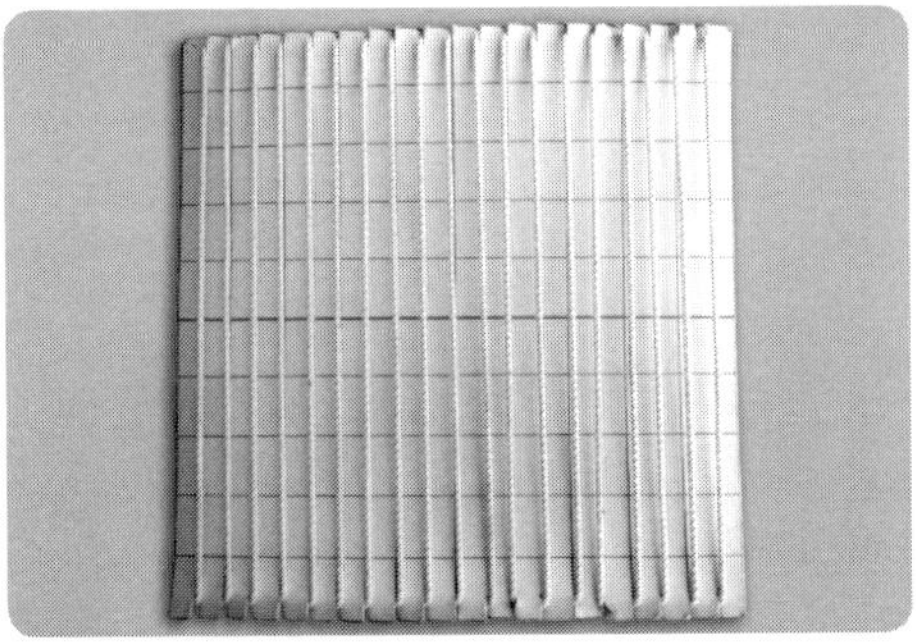

① 厚紙にタコ糸を張る

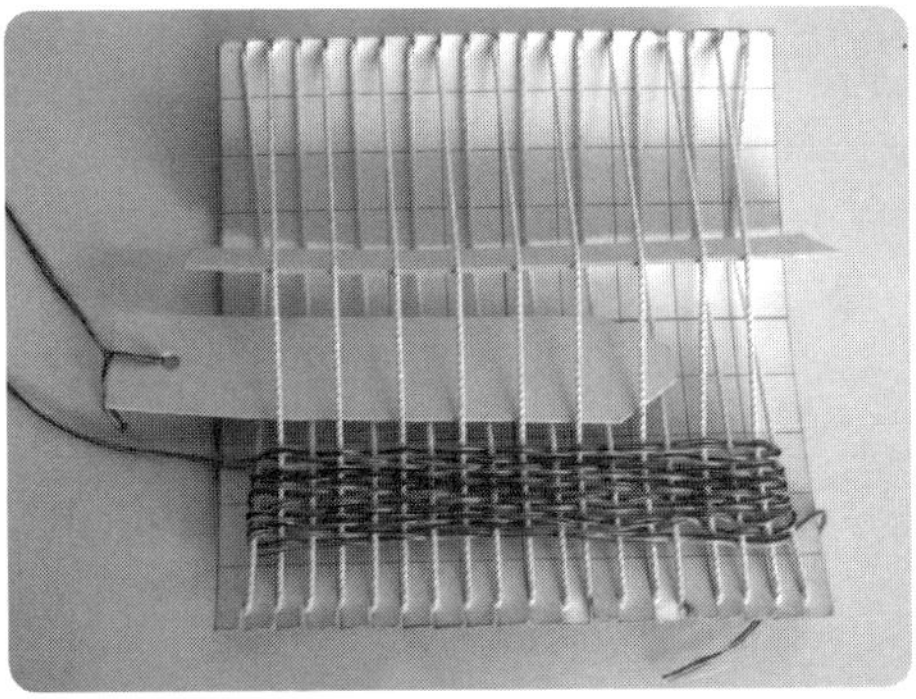

② 好きな色の横糸を交互にくぐらせて

③ 毛糸で織ったコースター

3 忘れられない大失敗

雑誌社の取材

家庭科が小・中・高校と男女共修になったものの、男の家庭科教師はまだ全国でもめずらしい存在です。というのも、家庭科は女の教科というイメージが根強く残っていることと、男が家庭科の教員免許を取る手段が限られているからです。

現在、家庭科の教員免許を得るには、家政学部（生活科学部）系か栄養学系、または教育学部系をもつ大学で必要単位を学ばなければなりません。教育学部はともかく、家政学系、栄養学系の大学の多くは、いまでも女子大です。だから、家庭科の教員免許取得は、男には狭き門となっています。

男の家庭科教師は、そんな希少価値なものだから、ときどき雑誌社などから取材の申し込みを受けます。まえにも書きましたが、めずらしさだけで注目されるのは、少々居心地の悪いものがあります。しかし、存在を知ってもらうことも大切だと思い、あるとき取材を受けることにしました。

その取材は、記者が授業を参観したあと、僕にインタビューするという申し出でした。授業は六時間目、一年生の糸つむぎです。大部分の生徒はつむぎの最終段階に来ていました。つむぎ終わった糸をスピンドルからはずし、輪にしてまとめます。つぎの工程は、糸の〝より〟を留めるために、糸を蒸す作業です。みんなで調理室に移動して、糸を蒸し器に並べ、蒸気をあてます。

例のごとく生徒はワイワイガヤガヤ、たがいの作品を見比べながら、自分の糸に名札をつけたり、蒸し器に並べたり、にぎやかに授業が進行していました。たくさんつむいだ生徒もいるし、ほんのちょっとしかつむげなかった生徒もいます。

「うわぁー、××ちゃん、上手！」「やだー、あたしのこれだけ！」「おまえ、なにそれ？」「すげぇ！」……。太い糸や細い糸、でこぼこの糸もあれば、均一な太さの糸もあって、みんなで品評会です。

蒸している途中で、終業のチャイムが鳴ってしまいました。少なくとももう五分ほど蒸したほうがいいので、いちおう授業はここで終わりにして、あとは僕がやっておくことにしました。生徒を教室に帰したあと、蒸し上がるのを待ちながら、隣の準備室に移って、記者からのインタビューを受けることになりました。

なぜ、化学から家庭科の教師になったのか？　なぜ、家庭科に興味をもったのか？　そのきっかけは？　そんな質問を記者から受けて話をしているうちに、だんだん話が熱を帯びてきて、隣の部屋のことは頭からすっかり吹っとんでいました。

非常ベルが鳴り響く

記者と話しこんで、三、四十分が経ちました。ふと、変なにおいがすることに気づきました。毛が焦げるにおいです。はっ！と思わずイスから跳び上がりました。すぐさま隣の調理室のドアを開けます。部屋にはうっすら煙がたちこめ、たんぱく質の焦げたあの異様なにおいが漂っていました。

しまったー！　僕はあわてて蒸し器の火を止め、いやな予感のままにふたを開けました。そのとたん、蒸し器のなかに充満していた煙が一気にもうもうと立ち上がり、異臭を放ちながら部屋中に広がっていきました。

その瞬間、煙探知機が作動し、ジリリリリーンと非常ベルがけたたましく鳴りはじめました。窓という窓をすべて開け放ちます。換気扇を回します。ドヤドヤドヤ、なにごとか？と教師たちが駆けつけます、教頭先生も校長先生もやってきました。蒸し器は空焚《からだ》き状態になり、蒸し器の底にはすべての糸が溶けて醜く焦げ固まり、どす黒い一片の塊となって残っていました。

僕は青ざめていました。雑誌社の記者は気の毒そうに、申しわけなさそうに、そばに立っています。どうしよう？　なかば放心状態で何も考えられません。生徒たちが、数時間かけて悪戦苦闘しながらつむいだ糸が、すべて台無しになってしまいました。生徒たちに、なんと言いわけしたらいいのだろうか？　なんとあやまったらいいのだろう？　この世から消え去りたい気持ちになっていました。落ちこんで、しばし何も手がつけられない状態が続きました。

記者は申しわけなさそうに、あと味悪そうにして帰っていきました。僕は長いこと、ひとり準備室のイスに座り、うなだれ、呆然《ぼうぜん》としていました。起こってしまったことはとりかえしがつきません。時間はもうもどってはきません。

そうこうするうちに、何をするでもなく手持ちぶさたになっていた手がいつのまにか、スピンドルを回し、原毛をつむぎはじめていました。しかたない、せめての罪ほろぼしに、生徒のつむいだ糸のぶんだけでもつむごう――。いつのまにかそう思うようになっていました。

その日、原毛を家に持ち帰り、ひたすらつむぎました。そうでもしていないと、いたたまれなかったのです。

三倍返しの挽回なるか

つぎの日、そのクラスの授業がありました。昨日起こった出来事をつつみ隠さず生徒に話し、あやまりました。そして、約束しました。

「一週間の猶予をください。みんながつむいだ糸の三倍、僕がつむいできます。そのあと、この実習の続きを進めることにしたいと思います」

シーンとなっていた教室にざわめきが広がります。

「すげぇ！」という生徒がいました。

「先生、かわいそう！」とつぶやく生徒がいました。

「やったぜ！　これで家庭科の赤点はナシだぜ！」と、あっけらかんと言う生徒がいました。

しかし、僕をとがめだて、責めるような生徒はだれもいませんでした。生徒の優しさが胸にしみます。

さあ、三倍分の糸つむぎの開始です。それからは、朝の職員打ち合わせの会議で内職し、授業の空き時間につむぎ、職員会議中にもつむぎ、出張途中の電車のなかでつむぎ、家に帰ってからも寝食の時間も惜しんでつむぎ、とにかくあらゆる時間を見つけてはつむぎまくりました。

同僚に見とがめられて、わけを話すと、二人三人と手伝ってくれました。僕の指先にはつむぎダコができ、おかげで僕のつむぎのテクニックは、職人技のごとく華麗なものへと磨きがかかっていきました。

約束の一週間が経ちました。そして生徒に報告しました。

「みんなの作品を台無しにした罪がこれで消えるとは思わないけれど……」

と言って、生徒一人ひとりにつむいだ糸を配りました。

「やったね、先生」と笑顔で受けとってくれた生徒、

「すごいじゃん、オレのよりずっといいや」と言う生徒、

「先生、上手！」とほほ笑む生徒。

生徒の顔には安堵の表情が浮かんでいました。

語り草になる〝先生の失敗〟

年度末、そのクラスでの最後の授業が終わりました。最後の時間、生徒たちに授業の感想を書いてもらいました。すると、多くの生徒が、あの糸焦がし事件にふれていました。

「先生の三倍の糸つむぎに感動した！」「先生が、ちゃんと約束をはたした」

「ハラハラしたけど、先生の努力に感謝！」「あの失敗は、一生忘れないと思う」「クラス会があったら、きっと語り草になると思う」「先生の失敗が楽しい思い出になった」と、うれしいことを書いてきました。

しかし、ある一人の生徒はこう書いていました。

「先生の努力には感動したけど、先生のつむいだ糸は細くて均一できれいだけど、自分がつむいだ、あの太かったり細かったりしたヘタな糸のほうが、自分らしくてよかったなー」

この言葉は僕の心にグサリと、まだ癒えてない傷あとに深く突き刺さりました。しかし、一方で、この生徒の感覚はすばらしいと思いました。自分の不注意を棚に上げて言うのもなんなのですが、こういう感覚は大事にしたいと思うのです。

授業の内容の感想を書いてもらうつもりが、生徒の心に落ちたのは、僕の失敗とその後の対応にあったようです。授業の中身などは、どこかに吹っとんでしまったようです。教師の生身の生き様のほうが、深く記憶に刻みこまれるのでしょうか。それにしても、僕の大失敗から、思いがけず生徒との心のふれあいができて、授業とはまた違った収穫を得たように思いました。

この糸つむぎの授業、生徒の心のどこかに留まって、彼らがどこかで失敗したとき、あるいは何かに行きづまったとき、いつか役に立つことがあったらいいなと思います。

4 車イスのT君と

T君の担任になる

車イスのT君が入学してくることになりました。彼は筋ジストロフィーという難病を抱えていました。車イスには呼吸器と、それを動かす重いバッテリーが積まれています。それほど重い障害です。ときどき、痰《たん》の吸引もしなければなりません。

じつは、T君を受け入れるにあたっては、学内でずいぶんと議論がありました。それは、経験のなさがひきおこす不安によるものでした。教室移動は？　トイレは？　対応できる施設がない、何かあったときの責任がもてない、体育などどうすればいいのか？　介助はどうするのか？　T君にだけの特別配慮が難しい……などなど、心配しだすときりがありません。

僕は、いろいろな生徒が学校でともに学ぶことは、とても大事なことだと思っています。いまの高校は、偏差値で輪切りにされ、均質化された状態で入学してきます。学習効率を上げるには効果的ですが、学校は知識ばかりを学ぶところではありません。いろいろな生徒や教師との出会いがあり、人と人とのつきあいのなかで学ぶこともたくさんあります。異質な他者との出会いが自分の世界を広げ、そこにたがいの学びがあります。

それまで、障害のある生徒はあまり普通校には入ってきませんでした。彼らは、養護学校（現・特別支援学校）に通い、そこで特別な教育を受けていました。障害のある者もない者も、おたがいに交流がないことは不幸なことです。一方、障害のある生徒を受け入れるには責任がともないます。現実的なことも考えなければなりません。受け入れ側のそれなりの準備と覚悟と決断が必要になります。

さいわいなことに、さんざん議論した職員会議でしたが、彼を受け入れることに、教職員全体で合意することができました。だって、障害を理由に入学を拒否する理屈は通らないじゃないですか。普通校に入って、そこの高校生と一緒に学びたいと思ってくれたT君の勇気に感謝するばかりです。

僕は、こんな生徒とつきあえるチャンスはめったにないと思い、わがままを言って担任をもたせてもらうことにしました。だって、これからどんな展開があるのか、ワクワクするじゃないですか。きっと、僕もクラスの子たちも、彼からたくさんのことが学べると思います。

おむすびパンツ作り

T君には介助としてお母さんがつくという申し出がありました。中学校でもそうしてきたそうです。教室で一緒に机を並べ、授業を受け、彼の筆記の手伝いをします。呼吸器をつけているので、教員側にとっては心強いのですが、生徒と一緒に六時間も授業に臨むのはたいへんな忍耐だと思います。

彼と一緒に過ごすことは、お母さんの生きがいにもなっていたようですが、彼の自立ということを考えると、いつも一緒にいることは問題を含んでいるような気がします。あまりお母さんだけで抱えこまないで、だれかヘルパーやボランティアを頼むとか、ほかの人の介助やいろいろな人とのかかわりのなかでT君が生活していったほうが、本人にも、お母さんにとってもいいような気がします。ただ、そういう制度（しくみ）が学校や社会にまだできていないところが問題です。

T君は、いつも教室の一番前の席で、お母さんと二人、机を並べて授業を受けています。緊張したのは教員のほうでした。ふだん生徒だけを相手にして授業していますから、そこに社会経験のある大人が入ることで、うかつなことは言えないというプレッシャーがかかります。教師にとってもいい刺激になりますね。

もちろん、彼にも家庭科を教えます。さて、そこで困ったのは、被服実習と調理実習です。彼ができることは、耳を近づけてようやく聞きとれる会話と、かろうじて持てる鉛筆で書く筆記でした。体育の授業は、別室でビデオを見ることで授業にかえていました。さて、家庭科はどうしましょう?

被服実習は、前述の糸つむぎと織りです。糸つむぎは原毛をテーブルの上で手のひらで転がせば、なんとか〝より〟をつくって糸ができます。織りのほうは、お母さんにも手伝ってもらって、共同作業でやってもらうことにしました。みんなと一緒に授業を受けることに、なんの問題もありませんでした。

あるとき、NHK教育テレビ（現・Eテレ）から番組協力の依頼が舞いこみました。「おしゃれ工房」という番組で、当時、タレントの山田邦子さんが司会をしていました。

モンペハウスというお店を主宰する内山裕子さんが講師となり、「おむすびパンツ」という被服製作をする、それを僕の教えているクラスで授業にするというものでした。

おむすびパンツは、一枚の布を折って直線縫いするだけのもの。男女兼用で、おにぎり型の三角形をしています。この服の原点は、タイの山岳民族の衣装にあります。ラクなはきごこちで、リラックスできる日常着にも使えます。

この授業には、T君とお母さんにも参加してもらいました。番組の最後に、できあがったパンツをはいて、全員で記念撮影（下の写真）。生徒の着こなしはなかなかのものでした。

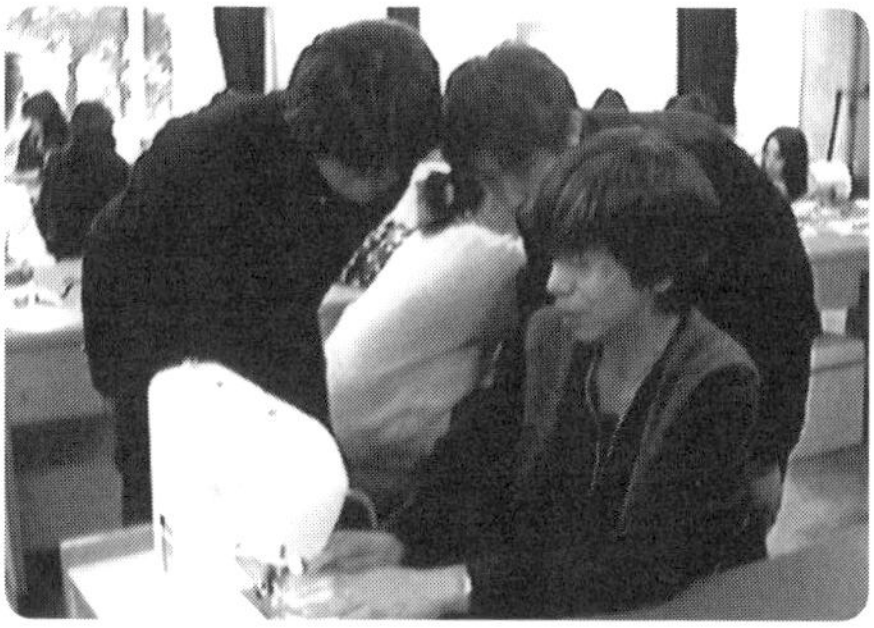

生徒に教えているところ（座っているのが筆者）

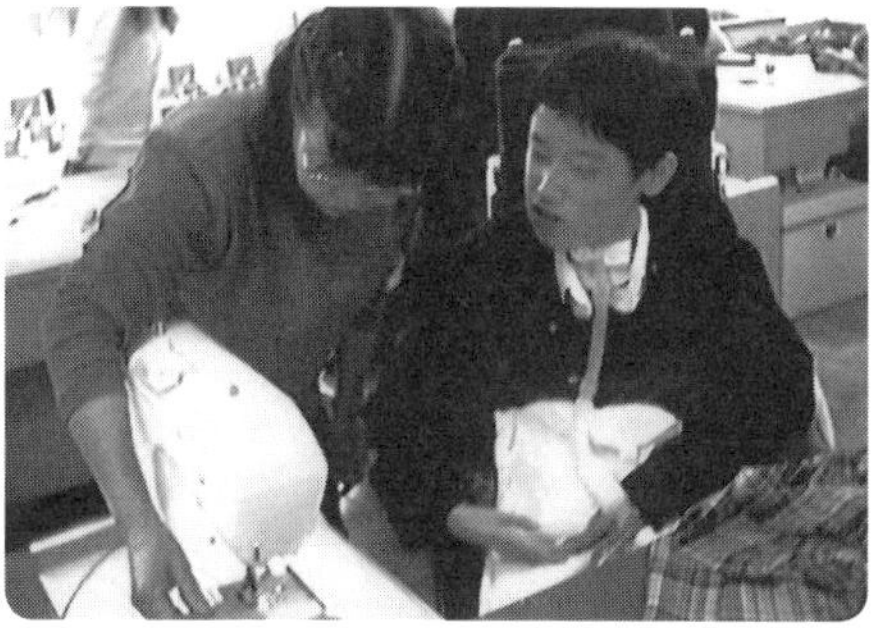

T君とお母さんも参加

おむすびパンツをはいて、クラス全員で

おむすびパンツの作り方

1枚の長方形の布を、折って直線縫いするだけでパンツを作ります。

❶ 布を裁つ

パンツ布1枚、ベルト布2枚、バイアス布1枚

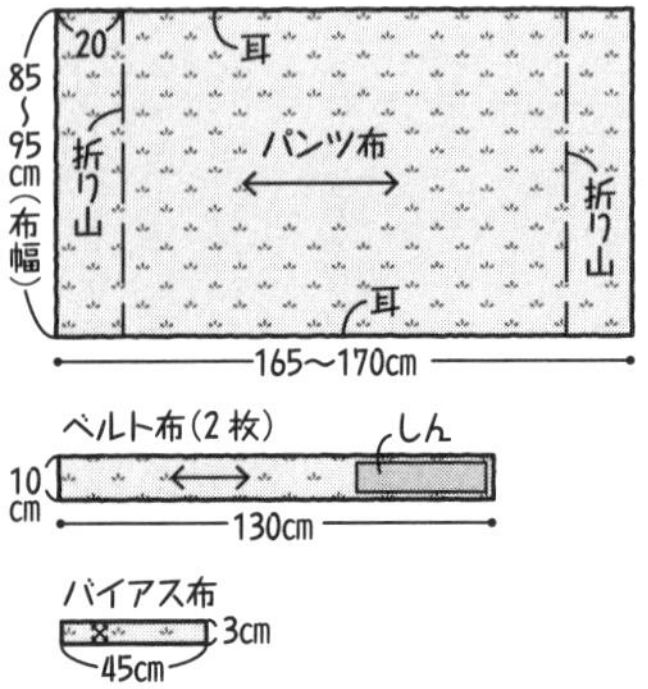

❷ パンツ布を折る

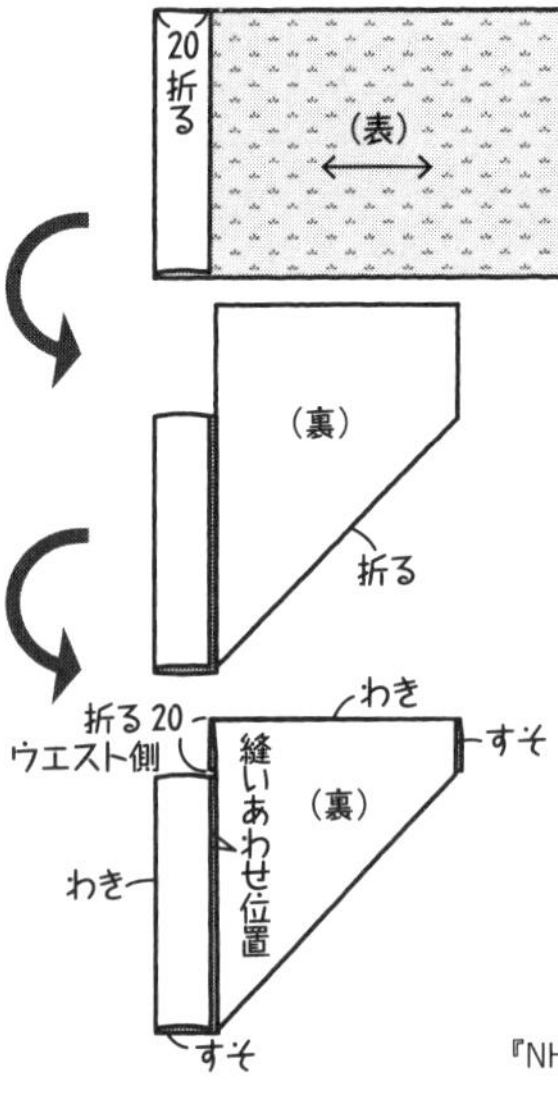

❸ おむすび形に縫いあわせる

折り伏せ縫いで縫いあわせる

ウエスト側はカーブになるようカット

片わきには切り込みを入れる

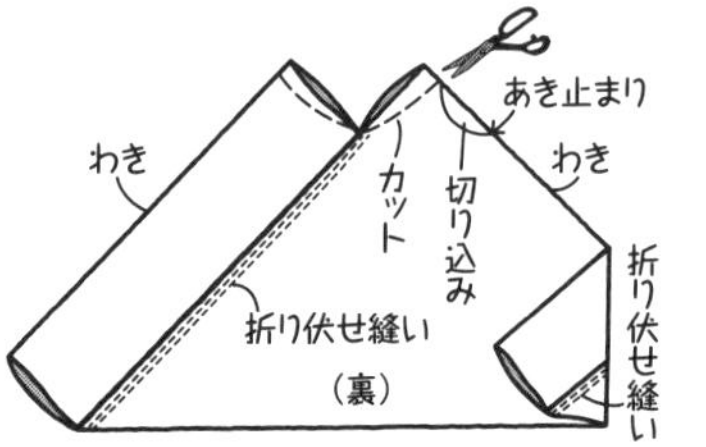

❹ あきに縁どりをする

わきあき部分をバイアス布で縁どり

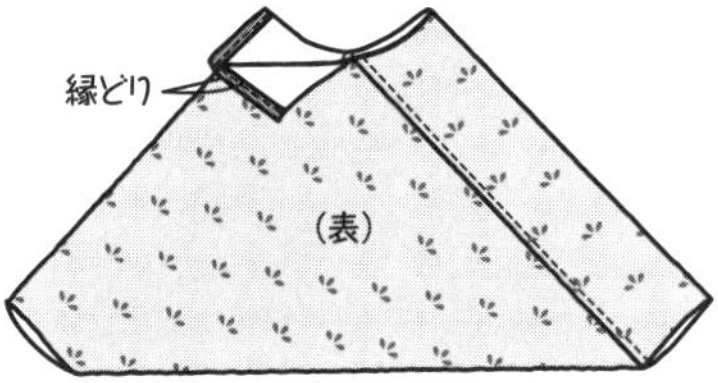

❺ ベルトをつける

『NHKおしゃれ工房』1998年5月号（NHK出版）の記事をもとに作図

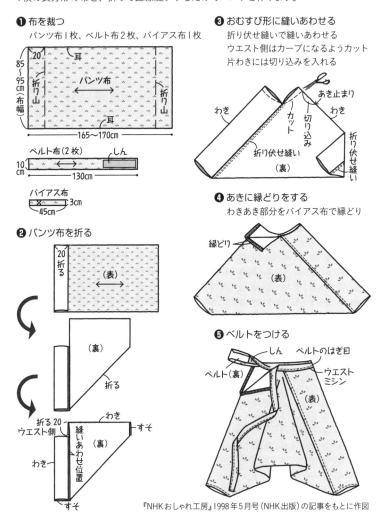

T君の調理実習とS君のこと

さて、問題は調理実習です。これは班の共同作業となり、危険もともなうので、車イスで実習に加わるのは難しいことと思われました。

僕は、家庭科で調理実習をおこなう意味はなんだろうと考えました。学校でできるのは、たかだか二〜四回程度の実習です。これで調理技術が習得できるはずはありません。技術の習得より大切なことは、実習という体験を通じて得られるものです。みんなで作る喜び、食べる楽しさ、食材とのつきあい、食を通じて見えてくるもの……などなどです。なにより大切なのは、食べることを人まかせにしないで、自分で考えるということだと思っています。

T君には、調理室での安全を確認したうえで、みんなと一緒に調理班に入ってもらうことにしました。そして、「きみには口を出してもらうよ」と指導しました。味つけは薄味がいいとか、柔らかく煮てほしいとか、細かく刻んでほしいとか、班のメンバーにあれこれ注文をつけろと言いました。試食はもちろん、みんなと一緒に食べてもらいます。調理のときの音を聞いたり、においをかいだり、食べるときにおしゃべりしたり、それを共通体験することも大切なことだと考えました。介助のお母さんも一緒です。T君と同じ班になった生徒たちは大喜びしていました。心強いベテランの助っ人が入るからですね。

僕が指示したわけではないのに、いつのまにか、T君の周りには生徒が集まるようになっていました。教室移動では、数人のメンバーが車イスを押し、階段ではみんなで持ち上げ、手助けをします。自然に協力の輪ができていました。こういうことに労を惜しむ生徒はいないのです。

この学年には、不登校ぎみで留年して、もういちど一年生をやりなおすS君がいました。年度が始まるクラス編成のさいに、どのクラスに入ってもらうかが話し合われました。僕は、自分のクラスに来てもらうことを申し出ました。車イスのT君もいるし、いろいろな生徒がいるということは、みんなにとってけっして悪いことではないと確信していたからです。

S君は、家族関係でちょっと問題を抱えていました。僕はS君が、後輩ばかりのこのクラスになじんでくれるか心配していました。すると、教室での休み時間には、T君とお母さんのいる席に、S君がいつもまとわりついていました。どうやらS君は、T君のお母さんに話を聞いてもらって、人生相談もしていたようです。きっと、居心地がよかったのだと思います。

その後、S君は無事進級して卒業も果たし、職に就いて働いています。お母さんを含め、T君にとっても、S君にとっても、またそのほかの生徒にとっても、いろいろな生徒がいるということが、たがいの凸凹を補いあっていい結果になったと思っています。

やがて学校には、障害をもつ生徒用のエレベータが設置され、障害対応のトイレが付き、バリアフリーの工事もおこなわれました。そして、T君が卒業したあとも、障害のある生徒が入学してくるようになりました。T君が、障害者も一緒にこの学校で学べる道を切り拓いたのです。

しかし、T君は数年前、三十歳を目前にして亡くなりました。T君の症例の平均寿命は二十歳だと主治医の先生から聞かされていましたから、それよりは少し長生きしました。彼は、高校を卒業したあと大学に進学し、パソコンを使った仕事に就いていました。

5 花も実もある調理実習

生徒が見せる意外な一面

今日、家庭科のなかでもっとも期待され、重要視されているのが「食」の領域ではないかと思っています。僕が「料理・裁縫じゃない家庭科を」と意気ごんでも、だれがなんと言おうとも、調理実習は家庭科のハイライトです。このときばかりは、男女を問わず、生徒は本当にいきいきとしてきます。勉強はダメでも、運動がダメでも、調理実習でがぜん生きかえる子もいます。

ふだん教室でめだたない生徒が、慣れた手つきでトントントンと見事な包丁さばきを見せて、テキパキ調理をする姿に、周りは一目おくようになります。バイトで鍛えた華麗なフライパンさばきを披露する生徒はヒーローです。それを見る女子の目はうっとりしています。教室で見る生徒の姿とはまた違って、ここでは意外な一面が発揮され、生徒を見直したり、新たな発見ができるのです。

調理実習はたいてい、つぎが昼食時間となる三、四時間目に設定されていて、おいしそうなにおいを廊下づたいに校舎中にただよわせます。それが昼どきの空腹を刺激します。においに誘われるように、授業の空いている先生がときどきのぞきにきます。するとみな一様に驚くのです。

「あの生徒が、あんなに一生懸命やっている。家庭科ってすごい、家庭科っていいよね」と。

体を動かすことは、元来楽しいことなんだと思います。実習中はみな大忙し。休んでいる暇はありません。そして、四方八方からつぎつぎと僕に質問が飛んできます。「それは説明したでしょ！」と思っても、その場面に直面しないと、生徒たちは自分のこととして耳に入っていません。だから、そこでもう一度、今度はその本人にだけ、ていねいに説明します。家庭科の教師には忍耐力も必要なのです。

「先生！　この肉、水で洗うんでしょ？」「塩、コショウ少々って、このビン何振り？」「三杯酢って、酢スプーン三杯？」「お茶なんていれたことない。学食の自販機でペットボトルを買ってきちゃダメ？」と、ビックリするような質問も出てきます。

それだけ、現代社会の生活様式が変化していることを物語っています。こちらが常識と思っていることでも、日常生活で経験していないぶん、生徒はまったく知らなかったりします。えっ、こんなことも？と思っても、そのつど教えていかなければなりません。実習を通じて、現代社会の問題がいくつも浮き彫りにされてきます。

また、それぞれの家庭の食習慣や食文化が微妙に違っているので、生徒たちにとって実習は、異文化交流の場にもなっています。ニンジンの皮をむいて調理する家庭もあれば、皮付きのまま食べる家もあります。ホウレンソウの根元を食べる・食べないでもめている班もあります。卵のカラザを取る・取らないも話題になっています（カラザは黄身についているひも状のもので、卵黄の位置を安定させています。たんぱく質ですから食べても問題はありません）。こうしたちょっとした違いが発見できたりして、実習はいつもダイナミックに進行します。

調理実習は班の共同作業です。チームワークが料理の出来・不出来を左右します。司令塔のような子がいて、協力態勢ができているところは、料理も早いし、見た目もいかにもおいしそうにできあがります。バラバラで不協和音が聞こえてくる班は、できあがりが遅く、料理も雑で、なんとなくまずそうになってしまいます。

実習中は、献立を時間内に完成させるというミッションがあります。手をぬけば自分たちにはね返ってきますから、ワイワイやりながらも、みんなが一生懸命です。しかし、その喧騒がうそのように消え、やがてシーンと静まりかえる時間帯がやってきます。料理が完成し、全員で「いただきます」をしたあとの試食のときです。会話もはずみながらの試食かと思いきや、どのクラスもシーンと静まりかえり、おしゃべりするのも忘れて、もくもくと食べているのです。不思議な光景です！

まるで仕事や人生そのもの

家庭科の「食」という領域には、栄養素や栄養のバランス、調理の科学、食品学、食品加工、食の自給率、食の安全性、献立のたて方など、すそ野がいっぱい広がっています。調理実習はそのすそ野のひとつだととらえています。

教室の授業では、「食」全体を見すえて、頂《いただき》からすそ野まで視界を広げてゆきます。一方、調理実習では、逆にすそ野から「食」という山全体を眺めることができると思うのです。

実習では、まず体験があります。その経験は、実社会に出て一人暮らしを始めたり、自分の家族をもったりしたときに、台所に立つことのハードルを下げてくれると思います。協力しながら班の人と調理する経験も貴重です。それは将来、パートナーや同居する人と一緒に台所に立つときに、きっと役に立つと思います。「食」とは、だれかにやってもらうものではなく、だれもが主体的にかかわり、楽しむものだということを実習は教えてくれます。

さて、今日も調理実習が始まります。エプロンをつけ、三角巾をし、あっ、これはバンダナもおしゃれでいいですね。そして、よく手を洗ってから。スタートはエプロン品評会からなごやかに始まっていきます。

調理は段取りが大切です。材料を確認して、器具を取りだし、料理の完成までをイメージして取りかかります。このイメージがないと、途中で立ち往生してしまいます。

途中で問題が生じたり、ハプニングが起こったり、なんらかの障害によって、かならずしも段取りどおり、イメージどおりにはいかない場合も出てきます。それにどう柔軟に対応し、乗り越えてゆくかが大切です。

「センセー、塩を入れすぎちゃった。どうしよう？　砂糖入れればいいかな？」

「ダメダメ。そんなことしたら、よけい塩辛くなっちゃうよ」

「水で薄めるしかないかな？」

「野菜を増量したらどうだろう？　ダシでのばすのもいいかもね」

それで、たいていの場合、料理はなんとかなるものなのです。失敗したとき、知恵を出してリカバリーできるかどうかが力量というものですね。仕事も人生も同じことがいえると思いませんか？

時間は魔法の調味料

また、調理は時間を意識します。時間がかかるもの、時間をかけてはいけないものと、調理法や材料で違ってきます。そして、〝ながら作業〟になります。

時間がかかる煮物をしながら、サラダ作りをするとか、できたてを食べたい炒めものは、材料を切ったり下味をつけて下ごしらえをしておくとか、手があいたらすかさず洗いものをしておくとか。調理では、時間に作業をまかせたり、時間を相棒や手下のように上手に味方につけることが大切です。

煮物やシチューなど、じっくり時間をかけて煮込んだものは、味がしみこんで格別においしさがひきたちますね。また、味噌や酒造りなどのように、半年や一年といったオーダーでたっぷり時間をかけて熟成するという調理もあります。時間には、魔法の調味料のような働きがあります。とがっていたものがまろやかになったり、うま味がじわじわと引きだされたり、これもまたどこか人生と似ていないでしょうか？

とくにこのごろは、だれもがいつも急《せ》いていて、手間ひまかけずに、あっというまにできてしまうものに慣れすぎてしまった感があります。いろいろな場面で、いろいろな意味で、時を待つこと、時間をかけるということは大切なことだと、料理をしながら思うのです。

食から世界が見えてくる

「割烹《かっぽう》」という言葉があります。日本料理（店）という意味で使われていますが、本来は、「割」は包丁で切ること、「烹」は火で処理することを意味していました。

この「割烹」には調理の神髄がこめられています。調理とは、食材に手を加えて食べやすくすることです。道具を使って、火を操って、おいしく食べやすくする。これこそ、人間にしかできないことです。調理は人間がつくりだした高度な文化なのです。

人間が他の動物と大きく異なる進化をとげてきた要因のひとつに、火を使って調理を始めたことがあげられています。外部エネルギーの火を利用して調理して食べることで、食物の分解を促進し、消化・吸収を助けます。それによって、他の動物のように生食《なましょく》のための長い消化管が必要なくなり、短時間で食物を分解・吸収することができるようになったのです。とくに、たんぱく質や炭水化物などの大きな分子の分解促進に、加熱調理は有効でした。

そのおかげで、たくさんのエネルギーを必要とする脳に多くの栄養を送ることが可能になり、人間を特徴づける大きな脳の発達を支えることになりました。この火を使う知恵と技は、やがて人間に科学と技術の発達をもたらし、電気やコンピュータに姿を変えて今日に至るのです。調理には、先人たちが築いてきた知恵と工夫と科学が結集しているのです。

食材に目を向けるのも大切なことです。そこから社会が見えてきます。

その材料がどこから来たものなのか。国産か、外国産か。国内ならばどの地域からか。なぜ、その地域なのか。外国産であれば、なぜその国から来たのか。

その食材がどうやって作られたものなのか。露地ものか、ハウスものか、工場産か、有機かなど、食品表示をこまめに見て考えてみてください。さらに、安全性はどうなのか。だれが、いつ、どこで、作っているのか。

それだけ考えても、現代社会が浮かび上がってきたり、地域が見えてきたり、世界情勢だって見えてきます。調理をとおして、自然と社会と人間のつながりが見えてくるのです。自分の身の周りを考えても、だれがいつも食事を作っているのか、作る人はなぜ母や妻ばかりなのか、いや、そうではないのか。その人がどんな思いで作っているのか。なぜそれが習慣になっているのか。課題は？　わが家の食文化は？　と視野が広がります。

ここでは家族関係が見えてくるし、ジェンダーにかかわる男女の性別役割分業の問題も考えられるところだと思います。

さて、ゴミはどうする？

さらに、出た生ゴミはどうするのか。地球環境のことも考えなければいけません。ゴミを少なくするには食材を丸ごと利用したり、生ゴミを堆肥にするという工夫も考えられます。

ちなみに、僕の家では生ゴミはすべて堆肥にして、庭の野菜たちにもどします。培地《ばいち》をプラスチックの箱に入れておいて、生ゴミを入れたときにかき回すだけでできます。温度計を入れています。菌ががんばって分解しているときには温度が高くなります。そんなときはうれしくなって、「おっ、がんばってるなー」と声をかけたくなります。温度が低いときには米ぬかを投入して「元気だせよ！」と励まします。みんなそれぞれ生きてるなーという感じになって、堆肥がいとおしくなってきます。

　堆肥は土にもどして、それで野菜を育てます。育った野菜はわが家の食卓に上ります。新鮮ですし、自分が作ったから格別においしい気がします。だから、おすすめです。土のあるなしや住宅事情など、このライフスタイルを可能にする条件はありますが、なければないで、知恵を絞って工夫してみてはいかがでしょうか？　個々の生活スタイルの範囲で、工夫すればいくらでも、環境に配慮した自分なりのライフスタイルが送れると思います。

　そういうわけで、調理実習という

僕の家の堆肥づくり

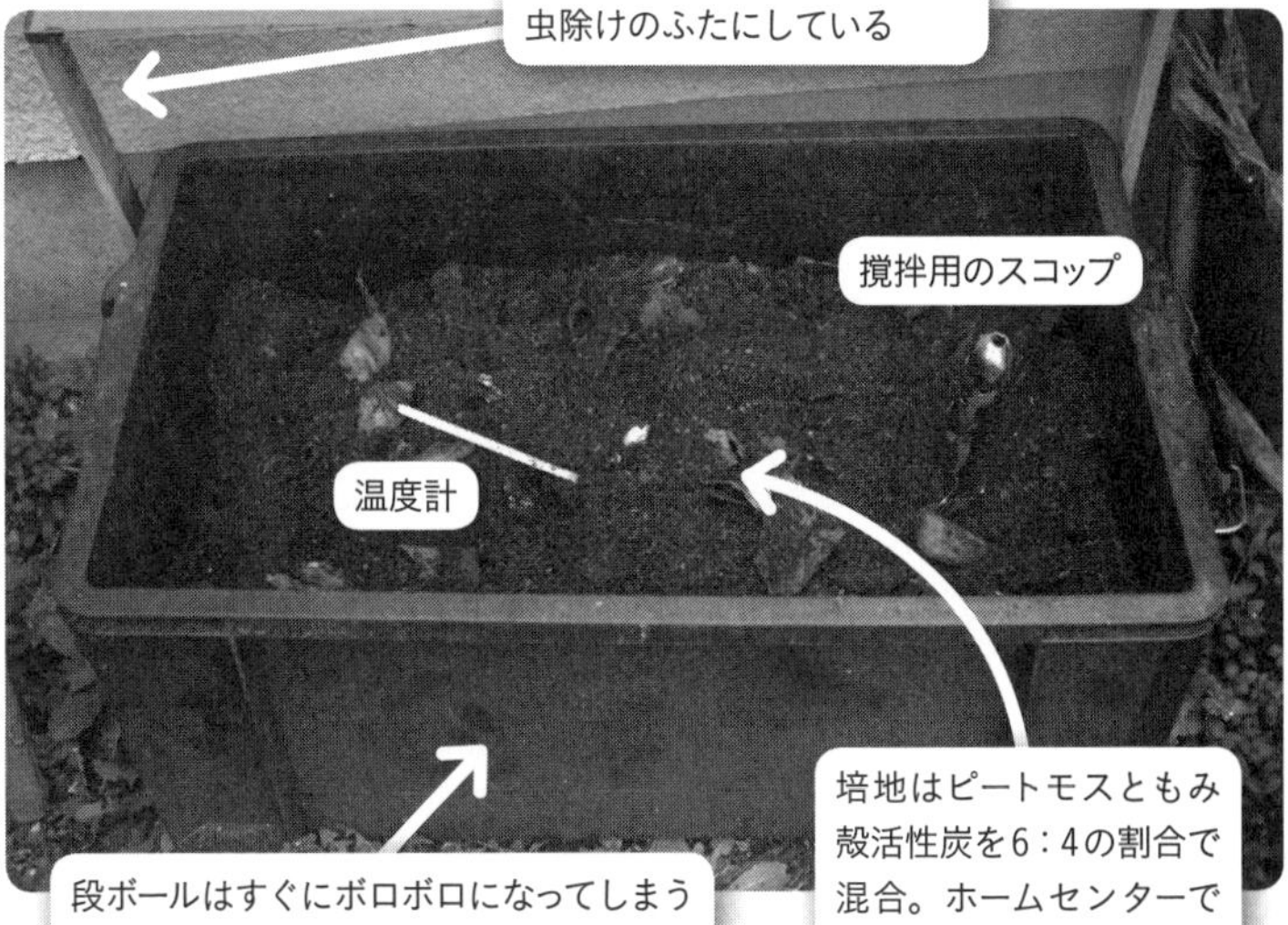
網戸の網を木枠に張りつけて虫除けのふたにしている
段ボールはすぐにボロボロになってしまうので、プラスチック容器にした。これもホームセンターの農業用資材売り場で購入
培地はピートモスともみ殻活性炭を6：4の割合で混合。ホームセンターで購入できる（くわしくは「段ボール堆肥」でネット検索）

ものには、トータルな知識体系がごっそり潜んでいます。ただ楽しくおいしくできればそれでいいとか、料理のうまい・へたを問うとかではなく、「食」とどうつきあっていくのかを、実習を通じて学びとることだと思います。

しかし、学校でおこなう調理実習には、ひとつ落とし穴があります。それは、多くの場合、食材の準備とメニューやレシピの決定を教師がやっているということです。

実生活で調理をおこなう場合には、食材の買い入れも、献立も、自分で考えてやらなければなりません。献立をたてる→材料を準備する→調理する→食事する→あとかたづけをする、そこまで含めて料理になるのです。それは実生活をとおして学んでもらわなければなりません。学校でおこなう調理実習は、これから生徒たちが自立して自分たちの生活を送るためのイントロにすぎないのです。

第4章

フェンスを越えて

生きるための家庭科

1 知識の世界と知恵の世界

便利さとのほどほどのつきあい

僕が化学から家庭科に移った理由は、現代科学への疑問と、夫婦共稼ぎで家事・育児に悪戦苦闘してきた私生活からでした。

現代科学は、今日の高度に発達した情報化社会や医療技術、先端の科学技術をもたらし、私たちは便利でモノの豊かな生活を享受しています。しかし、この便利さは生活様式の変化をもたらすとともに、それを無条件に受け入れてしまう危うさや環境への負荷、安全性をめぐっての新たな問題をひき起こしています。私たちは、この科学のもつ二面性をたえずチェックしていかなければならないと思います。

たとえば、デジタル通信技術は私たちの生活を一変させました。インターネットやSNSの世界が広がり、その応用の可能性は無限に広がっています。一方で、洪水のように押しよせる情報に身をさらすなかで、もっと便利に、もっと楽しいものをとたえず刺激され、神経は興奮を余儀なくされています。新技術によってゆったりした時間をもてるはずが、ますます忙しい生活を強いられていると思ったことはありませんか？　この便利さとどうつきあうかは、私たちにつきつけられた課題であるような気がします。季節感や自然が生活から遠のいて、伝承的な生活文化がひとつずつ消えていき、新しい技術が導入されるごとに、長年かけて培われた職人の技や生活技術はその価値を失いつつあります。

そうして生活のあらゆる場面で外注化・外部化が進むサービス社会のなかで、実体のある生活感が薄れ、人びとの感覚が無機質的になっていくことに、僕は危惧感をいだきます。

そのひとつの顕著な例が「いのち」との向きあい方だと考えています。生や死のリアリティが家のなかから消えていき、人間の誕生も死も、いまや病院のなかのものになりました。いのちのリアリティが希薄になると、その重みも薄くなるのではないか——ときおりニュースで青少年の痛ましい事件にふれるたびに、そんなことを思ったりします。

これまでみずからが工夫を加えて暮らしてきた生活の営みを、サービスに代えて他人の手に渡してしまえば、あるのは、お金とひきかえに〝選ぶ〟という行為だけです。それによる消費生活ばかりが肥大していくでしょう。さらにそのお金さえ実体が見えにくくなり、数字の操作だけでモノやサービスが動き、情報をもつ者ともたざる者、豊かさと貧困の格差がきわだつようになっています。

僕は、現代科学に欠けているものがあるとすると、それは生活者の視点だと考えています。生活者の立地から現代科学を見つめ、便利さとのほどほどのつきあいを考え、豊かさとは何かを問い直すことがいま、必要なことだと思っています。

子育ては〝知恵〟の世界

一方で、子育ての家庭生活においては、科学の世界とは異なり、理屈ぬきの生活のリアリティが満載です。第1章でお話ししたように、子育て中のわが身をふり返ってみても、つぎつぎと押しよせてくるハプニングや難題に直面し、その場その場で対処する術《すべ》が求められました。そこには、こうしたらこうなるというような方程式はなく、臨機応変に対応をひねりだす〝知恵〟という柔軟性が必要でした。

そこは、科学のように真実はひとつという世界ではありません。いくつもの正解があり、いくつもの見方・やり方が存在します。生活には、科学のような〝知識〟だけでは事が運ばない、〝知恵〟が生きてくる世界がありました。しかし、この科学という〝知識〟の世界と、暮らしという〝知恵〟の世界は切り離されているように見えます。

家庭科は、この〝知恵〟の世界に近い教科だと思います。科学（化学）から家庭科に移ってみて考えさせられたことは、ものの見方の違いでした。科学は真理を探究します。対象物にキリキリと直線的に切りこんで、その本質に迫ろうとします。その過程で論理性を大切にし、真実はひとつだと考えます。

しかし、家庭科の視点でものごとを見てみると、真実はなにもひとつとはかぎらない。あちらこちら視点を変えてみたり、さわったり、なでたり、においをかいだりしながら、いろいろな観点から総合的に観察し、五感を使ってとらえます。やんわり対象物を包みこんで、全体像を感じとります。科学では論理性や厳密性が要求されますが、家庭科では感性や柔軟性が必要だと思いました。家庭科では生活をベースに、生活者の視点でものごとがとらえられ、経験や感覚を、そして科学をも総動員して思考がなされるのです。家庭科を〝生活者の哲学〟と評した人がいますが*、僕はそれに共感します。

科学は本来、自然界の現象の「なぜ？」を問いつづけるものです。一方、家庭科は、幸せとは何か？　豊かさとは何か？　家族とは、夫婦とは、親子とは何か？　家庭生活とは何か？を問いつづける教科だと思います。永遠に問いつづける哲学に正解がないように、その問いにも正解はないものなのでしょう。いえ、一人ひとりが自分の正解を求めつづける、家庭科を通じて考える、それが家庭科の本質だと思います。これまでの自身の生活を点検し、人生をふり返り、これからの生き方やライフスタイルをデザインするのがこれからの家庭科だと思っています。

＊――重松清ほか「日本家庭科教育学会第五十回大会報告二〇〇七、トークセッション・重松清と語ろう――家庭科ってここがおもしろい」日本家庭科教育学会誌、二〇〇八年

生活文化を教えるということ

化学を教えていたとき、僕は学校でおこなわれている教育に窮屈さを感じていました。最初に赴任した高校は、進学希望者の多い学校でした。同僚にとても熱心な社会（公民）科の先生がいて、彼の授業は生徒に考えさせることを重視していました。いまある政治・経済の問題を、教科書を使わずにテーマをもたせて生徒に発表させ、それをもとにディスカッションし、それを講評するという形式で毎回おこなっていました。

ところが、生徒にはまったく不評でした。これでは受験に対応できないというのです。とくに、共通一次試験（現・センター試験）を受けるのに困ると、生徒から苦情が出されていました。そして、先生への批判と、教科書を使ってほしいという要望が、教室の黒板に落書きされていました。その先生は悩みました。自分の教育の方針を否定されてしまったからです。

これまでの学校教育において、重要視されてきたのは知識教育でした。学んで思考を深めることよりも、受験や資格を意識した知識教育への偏りは逃れられないものとなっています。そして学校は、知識は教えてきたけれど、生活を教えることがなかったように思います。それは、日本の近代化が始まった明治以来の伝統です。生活に関することは、地域や家庭で教えられていました。それは地域や家庭に生活文化があったからです。しかし、いまや、生活の知恵や文化を教えるところは学校以外に見あたらなくなっている現実があります。

そういう反省もあって「ゆとり教育」や「総合的な学習の時間」が生まれたのでしょうが、これもあまりうまくいっているようには思えません。ただ制度としてとりいれても、現場の教師たちの負担が増えるばかりで、皮肉にも先生たちがゆとりを失い、学校教育がますます日常の生活感から遠ざかっていったように思えます。学校という知識教育中心の土壌や社会が変わらなければ、解決しない問題なのかもしれません。

家庭科は受験には無縁な教科です。僕が家庭科に移ったとき、息子は「左遷?」ととらえました。また、あるとき、担任をしていた女子生徒が、僕が元化学の教師だったことを知ると、「はじめて先生が尊敬できた」と言ったのです。男の家庭科の先生は変わりものでしかないと思ったのかもしれません。つまり、家庭科は受験に関係ないし、主要な教科でもないし、女というイメージがついてまわる教科だから、化学に比べて一段低く思われたのだ、という想像がはたらきます。

しかし、逆に考えると、家庭科は受験という縛りから解放され、知識の詰め込みに陥ることなく、生活に視点をおいた生きた教育が展開できる教科です。生徒にとって、窮屈な授業のなかの一種オアシスのような存在になれないだろうか？　楽しいけれどじつは深い、そんな可能性を秘めた教科だと思います。

消費とサービスが家庭や地域に浸透していくなかで、いま、家庭科が生活技術を教えることをどうとらえるのか。家庭科であつかう実習教育がどれほどの意味をもつのか、いや、だからこその重要性が増しているのか。それらを吟味していく必要があると考えています。

男と女とジェンダーと

僕が子育て生活に苦戦した理由は、生活技術がなかったこともさることながら、「男は外、女は内」という性別役割分業意識が根強くあったからです。また当時、男が家事・育児に参加するロールモデル（手本）があまりなかったことにもよります。いまでこそ、〝イクメン〟とか〝主夫〟などともてはやされるようになり、男が家事・育児にかかわることがめずらしいことではなくなってきましたが、もてはやされるということ自体、まだまだ男性の家事・育児参加が当たりまえではないことを表しています。

そこで思うのは、男とか女とか、性で決めつける世界はあんがい狭いものだということです。やっかいなのは、知らず知らずのうちに、男は、女は、こうあるべきと刷り込まれていることです。男は理科が得意なはず、女には家庭科が向いている、というのも根拠のない思い込みではないでしょうか。思い込みは、いつのまにか脳にインプットされているのです。

僕が家事・育児で悪戦苦闘していた中味の多くは、「男」という呪縛との闘いでした。男の自分がやってやってるんだとか、なんで男の僕がやらなきゃならないんだとか、男は一生懸命に外で仕事してさえいればいいはずだとか、僕が格闘していた相手は、先入観としての男の〝あるべき姿〟でした。それがなければ、もっと楽に家事・育児をやれたように思います。いや、楽しむことさえできたかもしれません。〝あるべき姿〟が障害となるならば、そんなバリアはとりはらったほうがいいのです。

しかし、男として生まれ、家庭生活や社会生活を送るなかで、個人差はあるものの、〝男らしさ〟のシャワーを浴び、男の色に染められ、それにとらわれるようになるのは避けられないことでもあります。それは女も同様ですが、そのことで息苦しくなったとき、一歩高みによじ登って広い視野に立ち、身についたジェンダーバイアス（性による固定的な先入観）に気づくことが大切なのだと思います。

いままで常識だと思っていた壁をとりはらうと、あんがい、双方にとって生きやすい世界が広がり、なぜこんなことにこだわっていたのだろうかと思うことがよくあります。家庭科ではバリアフリーも学びますが、バリアフリーは、障害がある人もない人も生きやすくするための、われわれの工夫と選択です。それと同じで、性のバリアフリーが広がれば、もっともっと男女が暮らしやすい社会ができるのではないでしょうか。

性のバリアは、自分のなか、家庭のなか、社会のなか、それぞれにあります。男社会の仕組みや慣習はまだまだ根強く、この壁はなかなかに頑強です。気づいた人びとの発信で既成の社会を少しずつ揺り動かし、男女共同参画社会を呼び寄せたいものです。それが男女双方にとって居心地のいい社会だと信じます。

家庭科は、そのたどってきた歴史から、このジェンダーの問題からは逃れられない運命を背負っています。性別役割分業の見直しをはじめ、男女の共生や関係性のあり方など、家庭科だからこそあつかえる課題だと思います。

2 いま、家庭科で学ぶこと

毎度おなじみの質問

家庭科教師になってよく聞かれたことは、「料理を教えるの?」でした。

僕はこの質問にいつもとまどいます。〝ああ、家庭科ってそう思われているんだ〟という気持ちと、〝家庭科ってそうじゃないんだけどなー〟という思い。とともに、納得してもらうには〝どう答えたものか?〟と思案するからです。

家庭科の実習の大切さは先に見てきましたが、僕は〝家庭科は料理・裁縫〟というイメージに違和感がつきまとってならないのです。だから、

「もちろん教えるけど、そればかりじゃありません」と答えます。すると、

「じゃあ裁縫も?」と聞いてきます。

「んー、それもやるけど、家庭科は料理・裁縫ばかりじゃあないんです」と返すと、

「へー、ほかに何を教えるの？」ときます。だから、

「料理・裁縫以外にも、たくさんのことを教えます。家族のことや高齢者の問題、福祉、消費者問題、保育、住居、それから環境のことも教えます」と言っておきます。

聞くほうは、男である僕が料理と裁縫を教えることに、

「へー、すごいね」と感心します。僕が女性ならそうはなりません。そして

「めずらしいね！」ときて、

「なんでまた家庭科に？」となります。

つまり、家庭科は女の教科で、女の先生がふつうで、料理・裁縫を教えるもの、という昔ながらのイメージがそうさせているのですね。僕は、このイメージを変えたいと思っています。

この、家庭科イコール料理・裁縫のイメージは、家庭科が歩んできた歴史に由来するものです。第2章（74−79ページ）で紹介したように、「家庭科」は明治期の「手芸」に始まり、そして「家事・裁縫」という女子教育のための実学で戦前は推移しました。戦後は、民主的教育改革のもとで家庭科が共学で設置されたのですが、それも束の間、ほどなく中・高において女子教育に特化し、衣・食分野を中心にいわゆる「料理・裁縫」として、戦前の実学がひきつがれていきました。

しかし、時代の風は男女共同参画社会へと向きはじめました。女子のみの家庭科が時代にあ

わなくなり、戦後ほぼ五十年がたって、九〇年代にようやく男女共修の家庭科に転換したのです。いま、家庭科が共修になって、はや二十年が過ぎました。

僕は、家庭科が男女ともに学ぶ教科になって、革命的ともいえるくらいの大転換を果たしたと思っています。家庭科の役割が、性別役割分業を推進する教科から、それを解きほぐす教科へと、根本的に変化したのです。これほどの大変革を遂げた教科は、学校教育のなかではほかに見あたりません。しかし、人びとのイメージは、昔の女子のみの家庭科からあまり変わっていないように見えます。たんに、昔女子がやっていた家庭科を男子も学んでいる、という受けとり方がなされているような気がしてなりません。そこに歯がゆさを感じてなりません。

教科書を開いてみる

では、共修となった家庭科の内容はどのように変わったのか、ここで、現在使われている家庭科の教科書を開いてみたいと思います。ここでは、東京書籍版の高等学校『家庭総合』（平成二十七年度版）をとりあげてみます。

高校家庭科の教科書は現在六社が出していますが、どの出版社の教科書も、以前に比べて大判（AB判またはB5判）でカラフルになり、図やグラフや写真がふんだんにとりいれられています。コラムやチャート方式も挿入され、まるで僕がかつて感心した資料集のような構成になっていて、見ていて飽きません。これだけでもずいぶんと進化しています。

まず、表紙を見ると『家庭総合』のタイトルがあって、〝女の世界〟をイメージさせる絵やデザインは見あたりません。そして、サブタイトルが「自立・共生・創造」となっています。この三つの柱が、この教科書の目的やねらいを、そして家庭科教育のめざすところを端的に表しています。

表紙をめくると、見開きで、カラフルな写真と標語で構成された巻頭の扉ページになります。小さな写真が散りばめられていて、人が生活をし、職場で働き、余暇を楽しみ、結婚や子育てなどのライフイベントを経験するようすなどが映しだされています。そこに、これからおこなわれる家庭科の授業の内容が暗に示されています。そして、短い文章がメッセージふうにあります。その一部を抜粋すると、

◎「家庭科を学んで　持続可能な社会をつくる　暮らしの担い手になる」
◎人・物・環境との理想的な関わりを考え……
◎家庭科で学ぶ衣食住の自立、人とのつながりを大切にする共生を通して、自分らしく生きる生活を創造しよう

といったところが目につきます。そして、「人として生きる」「生活を営む」「環境を考える」

の三つの観点があげられています。ここには「料理・裁縫」の言葉は見あたりません。

もう一枚ページをめくると、目次になります。目次からは教科書の内容が見えてきます。この教科書は、大きく三つの柱に分けて構成されています。【家族・社会との共生】【生活の自立】【生活の創造】です。この柱にそって、章ごとにキーワードを拾って眺めてみることにします（次ページ）。

さて、これを見ていかがですか？　盛りだくさんですね。でも、調理実習と裁縫実習はどこにあるんだ？　という感じになっていませんか（表内の太字は筆者）。

いま家庭科を勉強している人は、使っている教科書の見開きの扉と目次をもう一度じっくり読みなおしてみてください。家庭科で何を勉強するのかが見えてくると思います。そのあと、本文の興味あるところから読んでみてください。きっと、家庭科の見方がこれまでとは違ってくると思います。

家庭科はもう忘れた、あるいは女子のみの家庭科しか知らない、または家庭科など習ったことがないという人は、どうでしょう、家庭科のイメージが変わりませんか？　実際の教科書をお見せしたいようです。ちなみに、戦後すぐの共学家庭科（中・高では選択）を学んだ人をのぞけば、二〇一五年現在、三十六歳以上の人は、女性は中学・高校で女子のみの家庭科を習い、男性は小学校でしか家庭科を学んでないはずです。

【家族・社会との共生】

章	タイトル	キーワード
第1章	自分らしい人生をつくる	自分について考える、自立ついて考える、人生85年時代を生きる、一人で暮らす、パートナーと暮らす、多様なライフスタイル、家族・家庭をどうとらえるか、男女で担う家庭生活、家庭生活と地域・福祉
第2章	子どもと共に育つ	命を育む、愛と性、子どもの誕生、子どもの育つ力を知る、心身の発達、親として共に育つ、保育、幼い子どもとの触れ合い、子育ての環境、地域社会の関わり、子どもの権利と福祉
第3章	高齢社会を生きる	高齢期を理解する、高齢社会、老化と成熟、多様な高齢者、高齢期の生活課題、高齢者の自立を支える、介助の仕方、これからの高齢社会、高齢社会を支える仕組み
第4章	共に生き、共に支える	リスクに備える、福祉のとらえ方、共生社会、地域福祉、ボランティア活動、社会保障、ユニバーサルデザイン
第5章	経済生活を営む	職業生活を設計する、経済的に自立する、家計のマネジメント、消費社会、契約とトラブル、消費者の権利と責任、消費生活と環境問題、持続可能な社会を目指して

【生活の自立】

章	タイトル	キーワード
第6章	食生活をつくる	「食べる」とは、食生活の課題、食生活の変化、栄養と食品、食生活の安全性、栄養のバランス、食事計画、調理の基礎、**調理実習**、食文化、これからの食生活、食料生産と食料問題、環境負荷の少ない食生活、食育
第7章	衣生活をつくる	被服の役割、被服材料、洗濯、保管、**被服製作**、衣生活の文化と知恵、衣料品の再資源化
第8章	住生活をつくる	住居の計画、住居の維持と管理、さまざまな住様式、持続可能な住居、社会環境と住居

【生活の創造】

章	タイトル	キーワード
第9章	生活を設計する	生涯を見通す、生活設計とは、自立し共に生きるために、これからの社会を創造する

自立・共生・創造

この教科書のサブタイトル「自立・共生・創造」は、今回の家庭科教育のキーワードになっていると僕は考えています。

まず〝自立〟は、「ひとりで立って、この社会で生きてゆく力」と解釈できると思います（家庭科であつかう〝自立〟についてはのちほどふれます）。

つぎの〝共生〟は、文字どおり「共に生きる」ということにつきます。問題は「だれと？」「どんなふうに？」ということになりますが、まずは、異性、パートナー、親、子ども、家族、友人、同僚、地域の人たちなどが身近で思いうかびます。さらには、お年寄り、障害のある人、外国の人などとどう共生できるかということにもつながります。

これらは、いま企業などで取り組みはじめているダイバーシティ（多様性の受け入れ）という考えに通じるところです。人種、国籍、性別、障害のある・なし、宗教や価値観の違いなどで人を分けるのではなく、むしろその多様性や違いを尊重して、それを積極的に企業活動に活用しようとするものです。多様な社会や組織は柔軟性に富み、変化に適応しやすい特性をもつのです。僕は〝共生〟の枠をさらに広げて、社会や自然やこの地球とどう共生してゆくかまでを含めて考えたいと思っています。共生を「どんなふうに？」というのは、どんな関係性をつくるのかにかかってきます。人と社会と自然と、どんな共生関係をめざすのか。異性やパートナーやお年寄りや子どもたちと、どんな関係を築くのか。

三つめの〝創造〟は、家庭をつくる、生活をつくる、あるいは人生をつくる、ということに通ずると考えられます。見方をかえて、人生や生活をデザインすると考えてもいいかもしれません。たとえば人生というカンバスにどんな絵を描き、どんなイメージを広げてゆくのか、そのためには何を学び、どこにアンテナを向けてどんな情報を収集すればいいのか、どう行動したらよいか。そうしたことを考えるということだといえます。

さて、はじめにもどると、調理実習と被服実習は、先の表の三つの柱のなかでは「生活の自立」のなかにあり、全体のほんの一部を構成しているにすぎません。実習を中心とした男女共修前の教科書と比べてみると、その違いは歴然です。教科書だけを見ていると、家庭科は「料理・裁縫」をこえているといってもいいかと思います。とはいえ、料理や裁縫をたんにスキル教育としてとらえるのではなく、食や衣生活とのつながり、家族とのつながり、人とのつながり、社会とのつながり、自然とのつながりまで広げて家庭科であつかってゆけたらと、そういう構想を広げています。

3 家族ってなんだろう？

すでに多様化している家族

教室で学ぶ生徒に接していると、彼らの家族や家庭がじつに多様化していることに直面します。母子家庭・父子家庭がこの何年かで本当に増えました。ひとり親家庭の生徒のいないクラスはほとんど見あたらなくなりました。そればかりではありません。再婚家庭の子、おじいちゃん・おばあちゃんのもとから通ってくる子、養護施設から通ってくる子、アパートからひとり通ってくる子……と、じつにさまざまなのです。

僕が経験したところでは、家のなかで三つの姓が使われている家庭がありました。離婚したお母さんが子どもを連れて実家にもどり、祖父母と同居しましたが、お母さんと子どもは婚姻時の姓をそのまま使っていました。やがてお母さんが再婚し、新しいお父さんがこの家に同居することになります。ここでお母さんの姓が変わりました。生徒本人はそれまで使っていた姓を変えるのがいやだったので、いままでどおりです。さらに、新しいお父さんとのあいだに子どもが生まれ、きょうだいで姓が違うことになりました。だから、祖父母の姓、お母さんと新しいお父さんときょうだいの姓、生徒の使っているその実父の姓、の三つです。

生徒をとおして見えてくる家族のありようは、ときにドラマティックな展開を見せます。

突然、学校にお母さんがやってきて、「離婚して名字が変わりました。でも、子どもの名字はいまのままで……」とさばさばした表情で話したり、そうかと思うと、お父さんがきて「母親とは離婚しました。今後、緊急の連絡は私の職場まで……」と言ってきたり、「夫のDVでまったく縁もゆかりもないこの土地に越してきました」とか、生徒が「お母さんが再婚することになりそうなの、これで四人目のお父さんなんだ」と暗い表情で話してきたり、あるいは、「お父さんが離婚して家を出ていって再婚したの。それはいいけど、相手の人が私の中学の同級生のお母さんで、気まずくて……」などと言ってきたりするのです。

家庭科教師の姿勢と感性

一律に家族・家庭といっても実態はさまざまです。家族・家庭の大切さを言うことは簡単ですが、言葉だけがうわすべりして意味がありません。目のまえの生徒たちはそれぞれが、家族・家庭の抱える問題を背負って生活しています。

これまで家庭科は「家族・家庭」を基本としてきました。だから、たいてい教科書の最初のほうに、これをあつかう章が出てきます。しかし、その屋台骨が多様化して、揺らぎはじめています。教師はこの「家族・家庭」をどう教えるのか？　ここはなかなかの難所です。そして、家庭科教師の姿勢や力量が問われるところです。

共修以前の家庭科は、教科書を見てみると、夫婦＋子の核家族と、祖父母＋夫婦＋子の拡大家族が中心に描かれていました。標準的な家族があって、その家族は愛情という絆で結ばれていて、挿し絵にはお母さんが家事仕事をしていて、お父さんは外で働いている性別役割分業のイラストがなにげなく描かれています。気になるところは、あるべき家族像の提示です。

いまでも家庭科の授業でよくひきあいにだされているのは、祖父母・両親・子どものいる三世代同居の家族、サザエさんやちびまる子ちゃんの家族、あるいは、夫婦と子どもの核家族であるクレヨンしんちゃんの家族です。父子家庭の一家がとりあげられることはまずありません。しかし今日、サザエさん一家やちびまる子ちゃん一家のような同居家族は、ひじょうにまれな世帯構成です。クレヨンしんちゃん型の核家族でも、全世帯の三割をきって二番目です。いま、もっとも多い世帯は、単独世帯（シングル）なのです。

気をつけなければならないことは、現実の生徒たちの家族・家庭を否定してしまうことです。

そこへの配慮がなく、学校で家庭科の授業を受けて生徒が落ちこむようでは本末転倒です。自分のところもアリなんだと自己肯定ができ、元気が得られるような家族の授業を望みたいものです。

共修の家庭科になって大きく変わったところは、家庭科の教科書が、この「多様な家族」をとりいれたことと、「個」の自立やジェンダーの視点をもったことでした。ところが、共修になってから二度目の文科省の教科書検定（一九九六年度）において、高等学校の家庭科の教科書四点が不合格になるという前代未聞の出来事が起こりました（鶴田敦子『家庭科が狙われている』朝日新聞社、二〇〇四年）。その理由は、「多様な家族」をとりいれたことと「個」の自立を重視したことだといわれています。国は「多様な家族」を受け入れたくなかったようです。夫婦がそろっていて愛情と絆で結びついた、絵にかいたような家族を強調したかったようです。

しかし、目のまえの生徒たちは、多様な家族を生き、さまざまな問題を抱えて生活しています。この現実を見ない教育はありえません。必要なのは、多様化している家族の現実から社会を見つめる視点だと思うのです。

家庭科を教えていて思うのは、つねに自分にはね返ってくるということです。教師の生き方や考え方も問われるのです。たとえば、教師の家族観や結婚観、ジェンダー観など、どの視座に立つかで、ものの見方も教え方も変わってきます。感性も問われます。どんな社会変化に敏感であるか、どんな問題意識をもっているか、どんな情報にアンテナを張っているのか。生徒がどんな反応をしてどんな言葉を発しているのか、それをどう受けとめるかなど、その教師の人間性までもが試されるような気がしてきます。それだけになかなかにしんどい教科でもあり、その反面、やりがいのある教科でもあるように思います。

とりどりに変化する家族

授業で「家族とは何か？」と生徒に問います。すると、さまざまな答えが返ってきます。「かけがえのないもの」「大切な存在」「なくてはならないもの」「心の安らぎが得られるところ」「なんでも相談できるところ」「頼りになるところ」……。もちろん、大人に聞いてもさまざまな答えが返ってくるにちがいありません。

「家族の範囲はどこまで？」という問いに対しては、なかなか微妙なところがあって、画一的に線引きできるものではなくなってきました。離婚や再婚が増えたり、親が別居していたり、親に育てられていない生徒もいたりすると、難しい問題が出てきます。

ペットは、以前は家族に入れると笑いが起こったものですが、いまでは家族に入れるほうがふつうになってきています。法律上の定義に「親族」はありますが、家族の定義はありません。

家族はひとつの概念であって、その考え方も時代によって変わってきているようです。

そして家族は多面体です。そのときどきに、家族はいろいろな表情を見せます。愛情をたっぷり注いで、やさしくそっと包みこんでくれたかと思うと、逆に、壁となって立ちはだかり、頭ごなしに抑圧したりと、仏の面と鬼の面が共存しています。やさしさと裏腹に支配・被支配の関係が生まれやすいのも、この家族です。

家族はまた、人生の節目でとりどりに変化もします。夫婦だけのころ、子どもが小さいころ、おじいちゃんやおばあちゃんがいるころ、子どもが独立して家を出ていくころ、あるいは出もどったころ、夫婦（両親）が離婚してしまったころ、再婚したころ。あるいは、転職や病気や介護などなど……。家族構成に変化があったり、親や子の仕事や学校の状況が変わったりと、家族をとりまく環境や家族間の関係性が変わることによって、家族や家庭の表情もまたさまざまに変化します。

私たちは、この多面体で変幻自在に変化する家族・家庭を生きていることを自覚したいと思います。そして、たがいに居心地のいい関係をつくっていくためには、絶え間ない関係づくりの努力が必要なのだろうと思います。

長い人生のなかでは、だれもが山あり谷ありを経験します。生活の環境や条件が変化するのが人生ですから、変化が訪れたときには、おのずと関係性も変わってきます。夫婦の役割や父《ちち》母《はは》役割、親子役割だって入れ替わることもあるし、新たな関係性を築きなおすことが必要にもなる。関係性をつくりなおす努力、関係が変わってもやっていける力が必要になります。それが生きる力であり、自立であり、その柔軟性を家庭科で学びとってほしいと思うのです。

火を囲む人びと

高校家庭科の男女共修が実施された一九九四年は、奇しくも国連の「国際家族年」にあたっていました。そこで採用された統一シンボルマークが下図です。

「家族が社会の中心にあってハートであることを表している。ハートは屋根で保護され、大きいハートはさらに小さいハートで繋がり、愛情で結ばれる家族員の家庭生活を映したものである、ハートから右に向けての開きは外との連続状態と未来への不確定性関係を、屋根のかすれた筆使いは家族の複雑性を象徴している」と解説されています（中村信夫『公衆衛生研究』43（1）、一九九四年）。

Chatherine Littasy Rollier氏制作
中村信夫　Bull. Inst. Public Health, 43 (1): 1994より

この国際家族年のスローガンは「家族からはじまる小

さなデモクラシー」です。家庭内における各個人の基本的人権と基本的自由を促進することを目的としていました。僕にはこのシンボルマークが、漢字の「命」に見えてしかたありません。小さなハートが「個」で、それにつながる大きなハートが家族をあらわし、屋根で保護されて家庭ができている。家族は命をはぐくむ有機体、家庭科はこの命を守る教育をする教科でありたいと思うのです。

「ヨーロッパでのファミリーは、一つの火を囲む最小の集団を語源とし、現在も一つ屋根の下で食事を共にするグループを血縁に関係なくファミリーと呼ぶ」といいます（宮崎玲子『世界の台所博物館』柏書房、一九八八年）。

これは、一緒に火を囲んで、暖をとったり、食事をしたり、おしゃべりをしたりする人びとの最小集団が家族であるというとらえ方です。収穫してきたものを分けあい、火で調理し、おしゃべりして情報を共有します。中心にはいつも火があり、寒さや外敵から人びとを守る象徴ともなります。その火はやがて屋根のある家の暖炉や囲炉裏《いろり》や台所に変化して、家庭になっていくようすが想像できます。

日本語で「家族」と言うと、濃い血縁関係をイメージしてしまいますが、この「ファミリー」だともう少し薄く広く、血縁関係をこえて、一緒に食べたり、話したり、暮らしたりする仲間というとらえ方ができそうです。このゆるいファミリーの関係は、多様化した家族・家庭の時代において、新たな人と人との関係をつむぐヒントになるのではないでしょうか。

近ごろ、ルームシェアという住まい方をする人が増えていると聞きます。同性どうしでも、異性どうしでもいい。世代が同じでも、また違う者どうしの共同生活でもいい。一人より二人で、あるいは三人、四人で、わずらわしいこともあるけれど、なにかと助けあって生活できるメリットをいかす試みであり、これもひとつのファミリーだと思います。

ひとり親家庭が増えてきた今日、みんなで子育てにかかわったり、支援したり、ジイジもバアバも含め、複数の人がお父さん役やお母さん役をやるようになれば、ここにもひとつのファミリーが形成されるのではないでしょうか。少子化の時代ですから、多くの人が子育てを共有することがあっていいと思います。

このところ、地域のNPOの活動で「子育て支援」などが活発になってきました。僕の知りあいもそういうネットワークやコミュニティを立ち上げて、「子育てサロン」をやったり、ときどき「子ども食堂」を開いたりしています。「子ども食堂」は、栄養バランスのとれた食事を無料または低額で、訪れた人に提供するというものです。僕はそこに、自分の畑で採れた無農薬の野菜を届けています。こういう、地域に開かれた居場所があちこちにたくさんできたらいいなと思います。

べつにNPOでなくとも、個人でもグループでも、なにかの縁で知りあった子どもや高齢者をみんなで見守ったり、関わりをもったりしてつながることができれば、家族の密室化による子ども虐待なども少しは防げるのではないかと思ったりします。血縁にこだわることなく、一人の人間が、あちらこちら、ゆるい関係のオープンなファミリーを複数もつというのはどうでしょうか。

家庭科を通じて「家族とは何か?」を問い、考えることはとても大事なことです。これが家族だという決まった正解があるわけではなく、人それぞれが答えを求めて、自分なりの答えをだすしかありません。その人の、それぞれの家族があり、どんな家族を求め、どんな家庭をつくっていくのか、それがその人の人生そのものでもあるような気がします。

生徒たちの多くは、いまは親が焚《た》いている火のそばにいます。やがて自立・独立し、自分の火を持つようになるはずです。その火のまわりがときには大勢の人でにぎわったり、ときには一人または二人というときもあります。自分の「火を囲む人びと」に、どんな人たちが集まるのか、どんな関係性をつくるのか、家庭科がその個人のドラマを描く手助けになればいいと思うのです。

十人十色の選択がある

家庭科にはひとつの正解はないと言ってきました。生き方を考えるのが家庭科だとするなら、いろいろな生き方があっていいし、人それぞれに答えがある。たとえば、結婚するのも、シングルでも、事実婚でも、あるいは離婚して人生やり直すのも、その人の人生です。失敗の人生も成功の人生もなく、もしあるとするならば、その人がどう考えるかというだけの話です。

僕の知りあいに、仲のいい三姉妹がいます。年齢は四十代から五十代です。

長女は、長年の職業をもち、別姓でパートナーの男性と暮らしています。二人にはそれぞれに子どもがおり、元夫や元妻とは死別・離別したものどうしです。それぞれ子育てはもう卒業して、いまでは二人暮らし。家事は分担したり協力したりしてやっています。

次女は専業主婦で、家事を一手に引き受けています。ハードに働く金融のトップアナリストの夫を支え、子どもはいないのですが、犬と猫を飼って仲睦まじく暮らしています。

三女のところは、夫が専業主夫です。二人の育ち盛りの子どもを抱えて家事全般を担当しています。三女は専門職として業界の先端でバリバリ働いて、一家の生計を担っています。

ここには三者三様の家族・家庭像があり、対比が面白いのですが、どのかたちが正しいといえるものではないと思います。それぞれがいまの状態で満足し、それぞれの生活がまわっているのですから。

男女のどちらが家事・育児を担当するか？　いまの時代、両方でシェアできるのが理想かもしれませんが、そう決めつけるのも不自由な気がします。前述の三姉妹のように、たがいの働く条件や、得手不得手、家事能力、環境など、それぞれの家庭にはさまざまな事情があり、関係性があります。だから、自分たちの条件や環境を考慮して、一緒にやったり、やれるほうがやったり、柔軟に対応すればいいのです。

そのさい大事なことは、まかせっきりにしないこと。今日の夕飯は何にしようか？　何が食べたいか？　子どもは？　学校は？　それらを一緒に考え、関わってゆくことです。生活をともにするということは、日々の暮らしを共有し、ともに生活を担ってゆくことだと思います。

いま、現代社会を特徴づけるキーワードのひとつとして、多様な価値観とか多様化社会ということがいわれます。家族のすがたや結婚観だけでなく、働き方や住まい方なども含めて、今日そのありようはさまざまで、選択肢が広がっています。この多様化に家庭科は向きあっていかなければならないし、それを受け入れていかなければならないと思います。

4 ライフデザインとしての家庭科

自立をめぐって

家庭科の目的に、「生きる力をつける」というのがあります。この「生きる力」は、以前から家庭科の研究会などではよく議論されていたものでした。そして、一九九八年の改訂学習指導要領にもとりいれられた文言です。とはいっても、「何が生きる力か？」と考えるとなかなか難しいものがあり、ひと筋縄にはいきません。

衣・食・住に関する日常生活ができる、経済的に生きる糧を得ることができる、他人とよい関係が保てる、家庭や地域や職場での責任が果たせる、人と協力し助けあうことができる……といくつも挙げられそうです。しかし、視点をかえてみれば、上手に他人に依存することができる力とか、身に降りかかる問題をかわす力とか、鈍感力も時と場合によっては必要に……などと、場面や条件におうじて「生きる力」も変化するように思います。

なにをもって「生きる力」とするかは、その人が何を大切に考えているか、どんな問題に直面しているか、どんな経験をしてきたか、どんな問題意識をもっているかなどで異なってきます。しかし、挙げられる答えの共通項を拾っていけば、おそらく「自立」というところにたどり着くのではないでしょうか。

先ほど〝火を囲む人びと〟の話をしましたが、人はみな、どこかの〝火を囲む人びと〟のもとに生まれ落ちます。それを家庭科では「生まれた家族」とか「出生家族」と言ってきました。これは自分では選ぶことのできない家族です。やがて人は自分の〝火〟を焚くようになります。それが自立ということになるのだろうと思います。自分で火を焚き、それを維持していくには、知恵や経験や技術がいります。食べてゆくこと、住まうこと、生活の技術や知識を身につけること。それを家庭や地域社会や学校のなかで学んでいきます。

家庭科では、自立を四つの柱で考えています。「経済の自立」「精神の自立」「生活の自立」「社会的自立」です。ここに「性の自立」を加える人もいます。

「経済の自立」は働いて生活の糧を得ること、「精神の自立」は自分で判断する意思決定ができること、「生活の自立」は身のまわりの衣食住の生活が自分でできること、「社会的自立」は社会のなかでコミュニケーションをとってやっていけること。「性の自立」は少々ややこしいのですが、自分の性を受け入れたり、折りあいをつけたり、異なる性を認めたり、性行為を人と人とのコミュニケーションとして、人格を相互に尊重しておこなうものととらえることができることと、ここではコメントしておきます。

こうしたことが、自分で火を焚いたり、その火を使って生活したり、自分の火のまわりに人びとを迎え入れて家族をつくったりする力になります。ここで形成される家族を「つくる家族」とか「創設家族」と言っています。これは自分で選び、創っていく家族です。火を囲む人びとのあいだには相互に働きかけがおこなわれ、関係性が生まれます。それが愛情や絆や信頼と呼ばれるものになっていくものだと思います。

この自立は「個」が主人公です。しかし、個は個のまま孤立無援には生きられません。この

自立・共生・創造

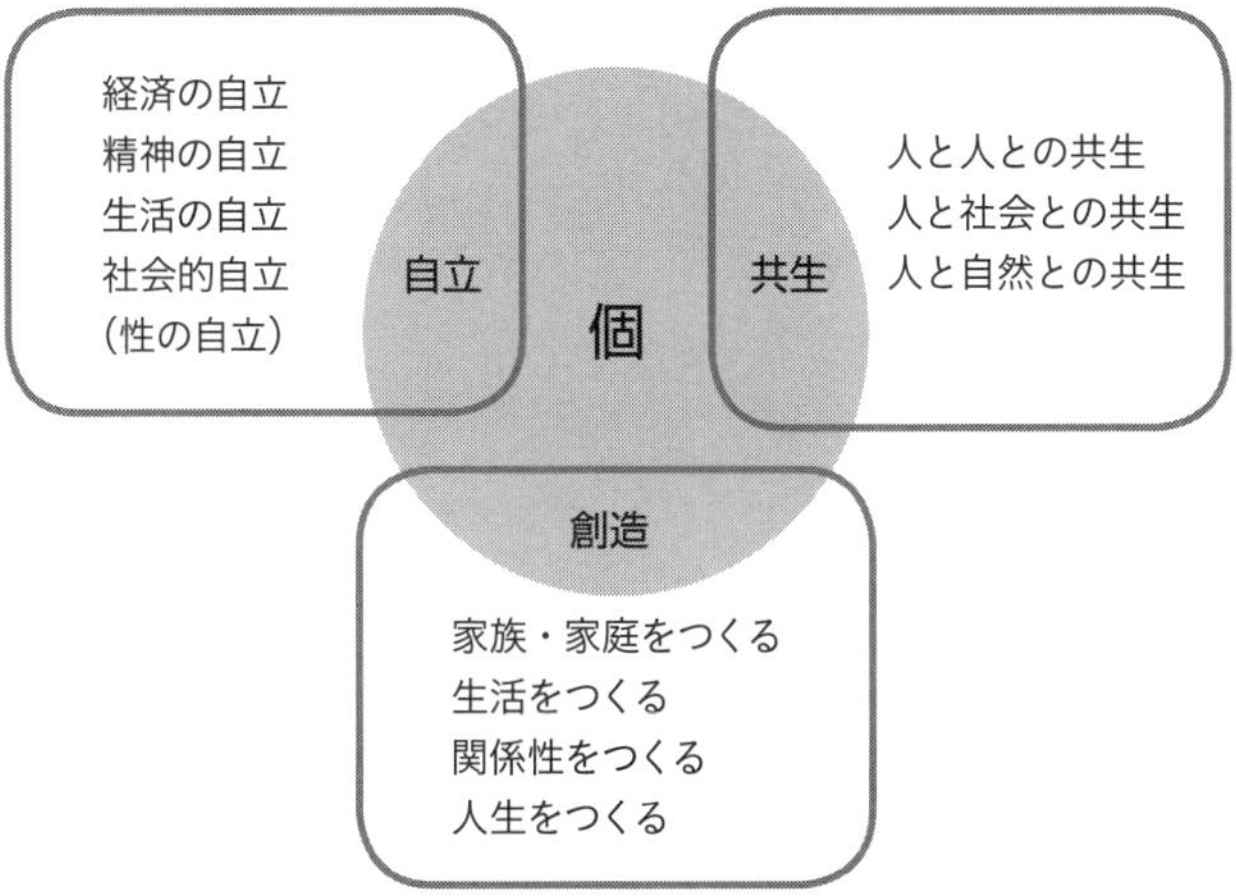

個は、つねに他者とともに存在します。他者とは、人であったり、社会であったり、自然であったりと、広くとらえたいと思います。広い意味での環境という言葉におきかえてもいいかもしれません。

他者へ働きかけることで相互作用が生じ、そこから反射・投影されるものによって自己を認知する。他者との関わりあいのなかで関係性がつくられ、学び、鍛えられ、やがて自立へと成長していくのだと思います。ここで大事なのは、他者と「関わる力」や「つながる力」であり、もっとも身近な他者が家族だという言い方になります。

人や社会や自然と会話する、そして関係性をつくっていく。衣・食・住のそれぞれと、異性や乳幼児や高齢者や障害者と、地球環境や多様な生物と、伝承文化や地域社会と関わる。つまり家庭科は、他者との関わりの教科、関わり方を学ぶ教科と考えてもいいかと思うのです。

変わりゆく家政学・家庭科

科学としての日本の家政学は、一九四八年、戦後はじめて新制の女子大学として日本女子大学が開校し、家政学部が開講したことに始まります。そこから、全国の女子大学、短大に広がっていきました。ところが、七〇年代半ばからその家政学部で、学部改編にあわせて名称変更が進み、たとえば「生活科学部」「生活環境学部」「人間生活学部」「健康福祉学部」「現代生活学部」「人間科学部」……といったぐあいに名前が変わっています。この改編を機に、女子大から共学に移行する大学もでてきました。

背景には、戦前からの「家事・裁縫」や良妻賢母教育の流れをくんだ、主婦教育や女性の教養というイメージが時代にあわなくなってきたことがあると思います。直接的には、家政学部への入学希望者減少に対する対応策と考えられますが、女性の社会進出、家族の変容と多様化、グローバル化など多くの社会変化を迎えている今日、家政学のこれまでのイメージを払拭する意味で、改編と名称変更が進んでいるのだと思います。

そもそも「家政」とは「家のまつりごと」です。近代以前はそれは家長の仕事でした。近代に入り、戦前の家制度の下では、いかに「家」を治めるかが重要となりました。その家制度はすでになく、「家政」という文言はすでに意味を失っているといえます。

たとえば、「家政学部」から「生活科学部」への変更では、どちらも「人間の生活にとって基本的に大切な衣食住」を学ぶことでは共通していますが、後者は、家族・家庭中心から人間の生活環境という広い枠組みに対象を移し、それを科学的・総合的にあつかう学部と位置づけています。加えて、前者が女子向き、後者は男女の区別なく、というイメージが、学生への意識調査にもあらわれています（東珠実「家政学部改組の意義と学生から見た『家政学』『生活科学』

家政学原論部会会報、一九九七年）。

さて、二〇一五年現在、家政学部が残っている大学は全国で十六校です。このうち二校を除き、すべて女子大です。家庭科の教員免許を取れるのは、家政学系（生活科学部系を含む）、栄養学系、そして教育学系などにかぎられ、在籍する学生のほとんどが女性です。男の家庭科教師が増える環境はいまだ整っていません。学部改編によって教えられる中身が変わりつつあるのに、学びの機会均等における制度改革は遅れていると言わざるをえません。

一方、小中高の家庭科では、すべての学校で男女共修となっています。大学に比べて、学びの機会均等の面では改革が進みました。しかし、その中身はどうなのだろうと疑問がわきます。

「家庭科」の名称からも、その中心はいまだに「家族・家庭」にあるように思えます。

大学においては「家政学」、小中高では「家庭科」。この両者の関係は密接で、車の両輪にもたとえられてきました。家政学は生活を対象とする「科学」であり、家庭科は「教育」です。家庭科は、家政学の成果を活用する、学校教育のなかの一教科としてとらえられています。しかし、その家政学が変化しつつあるのに、「家庭科」の名称や枠組みについては手つかずです。

僕は、もう「家庭」という枠をこえて、もっと広い世界を対象としたほうがいいと思っています。家庭科はもう女の教科ではないし、家庭という限られた世界に留まることはないと。もちろん、家族・家庭の大切さを否定するわけではありません。その大切なことをふまえたうえで、人間生活や市民生活、人間の生活環境を対象とした教科に変わっていったほうが、より人間教育として、いのちの教育としての広がりがもてるように思うのです。

ライフデザインとしての家庭科

最後に、「ライフデザイン」としての家庭科という提案をしたいと思います。

私たちは、人や社会や自然とのあいだになんらかの関係性を築き、またそれを築きなおしながら、日々を暮らし、生活を重ねています。そこには個人の物語がきざみこまれ、ライフストーリーが展開されています。

そこで、家庭科を「個の物語をデザインする教科」ととらえてみます。家庭科を通じて、生活をふり返り、環境（人や社会や自然）との関係を考え、これからの自分の生活をデザインしていく。これからの自分の人生をどう綴っていくのか？　自分のカンバスに、どんな場所でどんな人と、どんな暮らしの物語を描いていくのか？　生活デザインと人生デザインをあわせもつ「ライフデザイン」というとらえ方をしたらどうだろうか、と思うのです。

「ライフデザイン」では、自立を基本に、「個」を主人公に考えます。そして成長とともに、人や社会や自然と関わりあいを深め、会話をしながら相互に影響をおよぼしあい、関係を築き、ライフストーリーが展開されてゆく。

この「個」はだれもが当事者となります。小中高生も、大学生も、中高年も、高齢者も、シングルも、社会的マイノリティも含めて、だれもが学びをとおして生き方を考え、物語の展開に思いをめぐらせ、そのために力をつけていく。そういう教科にならないものかと考えています。

これまで家庭科があつかってきた領域・内容を、「関係性を築く」という観点から三つのカテゴリーで再編してみたのが下の図です。

三つの関係性は、相互に関わりあい、複雑に重なりあっていますから、単純に分野としてわけられるものではあり

関係性という観点でとらえた家庭科の概念図

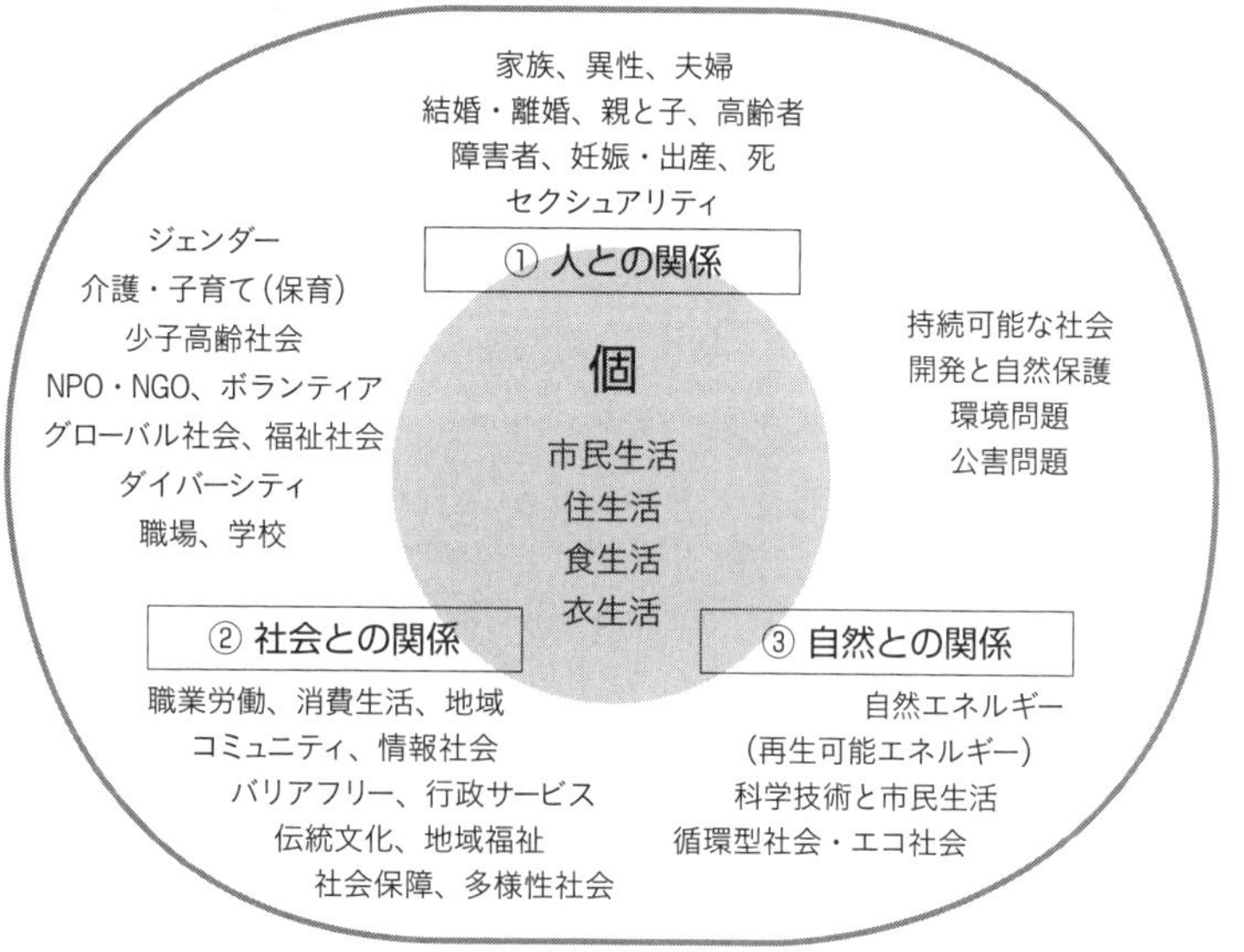

ませんが、新しい家庭科のひとつの可能性として模索してみてもいいのではないかと思っています。

“だいたい良し”の世界

さて、しめくくりは、フムッとくる隠し味を少々。

僕が料理をするようになってハタと迷ったのは、同じ料理でも何通りものレシピがあることでした。料理通が作るような本格的なものから、手ぬき・短時間・簡単料理のお忙しさん向き、初心者向きのシンプル料理までさまざまです。どのレシピを使うか、つい迷ってしまいます。

これだって、正解がいくつもあります。これしかないと決めつけることはありません。今日の気分はこれだとか、このやり方が自分に合っているとか、なにもレシピどおりじゃなくても、自分好みに手を加えたり、手ぬきしたりすればいいのです。

人生も同じで、定番あり、オリジナルあり、スペシャルありと、こうでなければならないと決めつけることはないと思います。料理といくつもの共通点があるように思います。スパイスを利かせた、味な人生もまたいいじゃないですか。人生の味つけは、人まかせではなく自分でおこなうものですから。

科学の世界にいたとき、〝だいたい良し〟が苦手でした。家庭科の世界で学んだことは、正しいか否かではなく、それが自分に合っているとか、合わないとか、それって何か変だとか、この味（色や形）が好きとか嫌いとか、それが心地いいとか、なんかイヤとか、危ない気がするとか……、そういう感覚や感性の世界です。それを大事にしたいと思うようになりました。

感覚には、違和感も含まれます。違和感は自分にとても正直な感覚です。なぜ、違和感があるのか。もとになるものがかならずあるはずです。それをじっくり考える。違和感を押し殺してその場を流してしまうと、あとで、やっぱりあの違和感は正しかったんだ、と思うことがよくあります。

あまりに非科学的なことはどうかと思いますが、感覚は総合的な判断で、自分の経験や知識を総動員してなされる、きわめて質の高い意思決定だと思うのです。そのためにも、ふだんから感性を磨き、感覚を鍛えて、感じる力を豊かにしておきたいと思うのです。

おわりに

本書は、二〇一三年度日本女性学習財団賞・大賞を受賞したレポート、『僕が家庭科教師になった訳』に加筆修正して書き上げたものです。

この本で自身のライフヒストリーをさらけだす気はずかしさも覚えますが、それがたんに個人的な体験に留まるのではなく、読んでくださった方の心のどこかに何かが響いてくれれば幸いと思います。

書き終えてみて、科学から家庭科へという自身の軌跡は、二つのテーマをもっていたように思います。そのひとつは〝共生〟であり、もうひとつは〝ジェンダーの視点〟でした。

科学という世界では環境問題を考えていました。そこでのテーマは「人と自然との共生」「市民生活と科学の共生」でした。家庭科に移ってからは「人と社会」「人と人」との関係性へと共生関係が広がりました。なので、私のなかで科学と家庭科は「共生」でつながっていました。

一方、男の世界を思わせる科学と、女の世界をイメージする家庭科は対照的でした。本文で述べてきたように、科学から家庭科へ移ったひとつの理由は、自身の家庭生活によるものでした。そこには、男の家事・育児参加、妻との関係性などジェンダーの問題が大きくかかわっていました。家庭科は、この〝男女の共生〟という大きな柱を抱えている教科だと思います。

家庭科へのシフトチェンジは、私自身の硬くて狭い男社会の思考を、柔らかさとしなやかさへと導いてくれるものでした。とはいっても、そう簡単には男性《おとこせい》の刷り込みから自由になれるわけでもなく、不十分ながらも方向性だけはという程度のもので、これからもその方向をたぐって、より豊かな世界を探ってゆきたいと思っています。

先日、市のイベントで「もっと楽しく　パパタイム!!」という親子参加型セミナーをのぞいたら、抱っこひもで赤ちゃんを抱えている若いお父さん数人を見かけました。なかなか頼もしく見えたものでした。私の周辺の若いカップルのあいだでも、男のほうが料理を担当しているという話を耳にしたことがあります。共稼ぎで、女性のほうが職場が遠いとか、終業時間が遅いとか、状況に応じて男も当たりまえに家事をやるようになっているようです。時代は少しずつ変わってきているのかな？　と期待したいものです。

とここまで書いたら、夫婦別姓を認めない現民法の合憲判断が最高裁で出た、というニュースが飛びこんできました。もうひとつの女性の再婚禁止期間については、百日以上は違憲の判断でした。この民法問題は家庭科の授業でも毎年とりあげてきたもので、生徒からは「先生、いつになったら変わるの？」と言われていました。選択的別姓制導入の法制審議会の改正案答申（一九九六年）が出て、もうすぐ二十年になります。このたびの最高裁判決では判事十五人中、五人が少数意見の違憲判断、そのうち女性は三人で、十五人のなかにいた女性の全判事でした。この性比に、今日のジェンダーの現状があらわれているようです。

その夜、たまたまジェンダーをテーマとする研究会があって参加したら、この問題が話題になりました。そこで、「近ごろの若い女性たちはなぜ怒らなくなったの？　二十年前、私の周りの女性たちはみんな怒っていたけど」と聞いてみました。返ってきたのは「みんな、自分のことで精一杯、怒る余裕がないんですよ」という答えでした。

考えてみると、ダイバーシティとかワーク・ライフ・バランスといっているところは、大企業をはじめ労働条件の恵まれているところだけです。多くは、非正規や低賃金、長時間労働で、別姓も性別役割分業もそれどころではないのが現実のようです。政府のいう「女性が輝く社会」が空しく聞こえてきます。家庭科でやってきた、自立や性別役割分業の解きほぐしが、そらぞらしくならない社会になってほしいものです。そのことに、本書が少しでもお役にたてたらいいなと思うところです。

さて、私のこれまでの変遷は、自分の生き方を模索してきた結果です。科学を志向した私が、まさか家庭科の教師になるとは、自身思いもよらず、しかし、こうしてふり返ってみると、時代の変化にもまれながらも、家庭科の世界にたどり着いたのは必然、というより、われながら面白い人生の道を歩いてきたものだと感慨ひとしおです。

教師生活三十四年ののち、いまは退職して、日中は家事仕事や畑仕事、織物、書きものをやりながら、夜は大学院に通って〝家庭科教育〟をテーマに研究論文を書いているところです。さあ、つぎはおまけの人生と思い、今度は、自分のセカンドステージで何がやれるのか？　何をやってゆこうか？　まだ頭と体が動くうちは、少々の世間への恩返しでもできたらいいかなと思うところです。

料理をしたり、暮らしを快適に保つために洗濯や掃除などの家事雑事をこなしたり、陽を浴び、風を感じ、家庭菜園で野菜や花を育てたりしながら、自然と触れあい、季節をとらえ、〝不便さ〟を少し受け入れて〝便利さ〟とほどほどにつきあい、あまり欲張らず足るを知り、小さな喜びを大事にして暮らしてゆきたいなと思っています。

これまで私を応援し、励まし、かたわらで見守ってくださった方々、私がかかわったすべての人に感謝しつつ、ここで筆をおくことにいたします。

二〇一五年十二月

小平陽一

著者紹介

小平 陽一

（こだいら・よういち）


1950年、栃木県生まれ。元高校家庭科教員、理科教員。

東京理科大学理学部を卒業後、化学工業会社、武蔵大学根津化学研究所を経て、1976年に埼玉県立高校の教員として採用される。化学教師として18年間つとめたのち、家庭科の教員免許を取得。男女共修となった高校家庭科を16年間教えてきた。

現在は立教大学大学院21世紀社会デザイン研究科で学びながら、執筆や家庭科教育の研究会、野菜作りなどにたずさわる。

雑誌・新聞での執筆に、月刊誌・くらしと教育をつなぐ『We』（フェミックス）95〜98年の連載、時事通信社配信「生きる力 感じる力——家庭科の窓から」新聞連載（16回・98年）などがある。本書のもとになったレポートが、2013年度日本女性学習財団賞大賞を受賞。

僕が家庭科教師になったわけ
つまるところの「生きる力」

2016年1月20日　初版印刷
2016年2月10日　初版発行

著者 ……………… 小平陽一

デザイン………… 鈴木美緒

発行所…………… 株式会社太郎次郎社エディタス
東京都文京区本郷3-4-3-8F　〒113-0033
電話　03-3815-0605
FAX　03-3815-0698
http://www.tarojiro.co.jp/
電子メール　tarojiro@tarojiro.co.jp

印刷・製本 …… シナノ書籍印刷

定価はカバーに表示してあります
ISBN978-4-8118-0788-1　C0036　

本のご案内

オトナ婚です、わたしたち
十人十色のつがい方

大塚玲子

形も中身も多様な「つがい方」をしている10組のカップルを取材。入籍の有無、別居や通いもありの住まい方、同性婚、年の差婚、浮気容認婚……。自分にとって居心地のいい関係を求めたら、こんなフウフになりました。

四六判・1500円＋税

いのちに贈る超自立論
すべてのからだは百点満点

安積遊歩

骨形成不全症のレッテルを超えて生きる著者からの、未来へのメッセージ。娘との日々、「治すこと」と「治ること」、生殖技術といのちの選別をめぐって。からだのありようをそのままに受け入れ、すべてのいのちにラブコールを贈る。

四六判・1600円＋税

食からみえる「現代」の授業
シリーズ「ひと」BOOKS

千葉保

豚は食べられるために生まれてくるの？ 子豚たちのかわいい写真で幕を開けた授業は急展開。豚肉、マグロ、コンビニ弁当、ペットボトル水と水道水、マクドナルド……。身近なモノから世界につながる、驚き連続の授業集。

A5判・1800円＋税

コンビニ弁当16万キロの旅
食べものが世界を変えている

千葉保＝監修／コンビニ弁当探偵団＝文／高橋由為子＝絵

身近なコンビニとコンビニ弁当をとおして、食糧輸入や環境問題、ゴミ問題をよみとく。フードマイレージ、バーチャルウォーターから見える食の現在とは？ 経営シミュレーションや工場の密着ルポも楽しい。小学生から大人まで。

A5判・2000円＋税